VERGISS, DASS ES DEIN VATER IST

Vier Trennungskinder im Alter von 15, 20, 28 und 34 Jahren berichten im Gespräch, wie sie die Trennung ihrer Eltern und den Verlust ihres Vaters erlebt haben. Sie schildern ihre Erfahrungen mit Jugendämtern und in Gerichtsverfahren, und sie berichten von der Wiederbegegnung mit ihrem Vater.
Der Konflikt sich trennender Eltern und seine Auswirkungen auf die innere und äußere Entwicklung der betroffenen Kinder werden so ausschließlich aus der Perspektive dieser Kinder gezeigt. Ihre Berichte bestätigen einmal mehr: Kinder brauchen beide Eltern, unabhängig davon, ob diese ein Paar bleiben oder nicht.

Rechtsanwältin Elisabeth Schmidt

1963 geboren. Als Rechtsanwältin in Berlin mit dem Schwerpunkt Kindschaftsrecht tätig. Mediatorin, Verfahrenspflegerin (§ 50 FGG), Vorstandsmitglied im Landesverband des Kinderschutzbundes Berlin e.V.
www.e-schmidt.biz

Dr. Allard Mees

1962 geboren. Lebt in Klein-Winternheim bei Mainz. Betroffener Vater und Mitglied im Väteraufbruch für Kinder e.V., Wiesbaden und Region.
www.vafk-wiesbaden.de

Vergiss, dass es Dein Vater ist!

Ehemals entfremdete Kinder im Gespräch

Elisabeth Schmidt / Allard Mees

Eine Veranstaltung des Väteraufbruch für Kinder e.V., Wiesbaden und Region,
Mainz, 28. Mai 2005

Die Deutsche Bibliothek verzeichnet diese Publikation in der Deutschen Nationalbibliographie;
detaillierte bibliografische Daten sind im Internet über
http://dnb.ddb.de abrufbar.

ISBN 3-8334-5202-1

Herstellung und Verlag: Books on Demand GmbH, Norderstedt

Inhaltsverzeichnis

Vorwort

Kinder sich trennender Eltern geraten häufig in deren Konflikte hinein. Vater und Mutter, die von ihren Kinder gleichermaßen gebraucht werden, gehen auseinander. Vor allem, wenn Eltern im Streit auseinandergehen, ist es für sie sehr schwer, sich als Paar zu trennen und zugleich den Kindern als Eltern erhalten zu bleiben.

Wie wichtig der Erhalt beider Eltern für Kinder ist, weiß man aus zahlreichen Studien. Hieraus hat auch der Gesetzgeber in Deutschland Konsequenzen gezogen und 1998 das Kindschaftsrecht reformiert. Das Kind soll die Bindung zu beiden Eltern behalten können. Beide Eltern haben die Pflicht, in Beziehung mit Ihrem Kind zu bleiben und den Umgang des anderen Elternteils mit dem Kind zu unterstützen. Das Kind hat ein eigenes Recht auf Umgang mit Vater und Mutter. So wird das Kind mit seinen Bedürfnissen ins Zentrum der Betrachtung gerückt. Alle Fachleute sollen sich hieran orientieren.

Und doch: es bleiben Fälle, in denen Eltern, die durch ihre Trennung belastet sind, ihre Kinder aus den Augen verlieren und es auch den Fachleuten nicht gelingt, helfend einzugreifen. Der Verlust eines Elternteils ist häufig die Folge.

Der Verein Väteraufbruch für Kinder e.V. Wiesbaden und Region hat am 28. Mai 2005 in Mainz diese Situation aus der Sicht von vier Trennungskindern im Alter von 15, 20, 28 und 34 Jahren beleuchtet, welche über die Trennung ihrer Eltern den Vater verloren hatten.

Wie erleben Kinder den Trennungskonflikt der Eltern? Wie erleben sie den Verlust ihres Vaters? Welche Erinnerung haben die Kinder an die Zeit vor der Trennung der Eltern? Wie haben sie das Wiederfinden des Vaters erlebt? Was hat sich danach in der Beziehung zur Mutter verändert? Was bedeuten ihnen ihre Eltern heute? Was glauben sie, bedeuten sie ihren Eltern? Wie sehen sich diese Kinder selbst? Wie haben sie RichterInnen, JugendamtsmitarbeiterInnen, GutachterInnen, VerfahrenspflegerInnen erlebt? Hätten Eltern oder Fachleute etwas anders machen sollen? Was würden sie Eltern raten, die um Kinder streiten? Was würden sie Kindern raten, deren Eltern streiten?

Entstanden ist aus diesem Interview ein eindrucksvolles Bild vom subjektiven Erleben dieser Kinder im Trennungskonflikt der Eltern. Ihre Berichte zeigen, wie tiefgreifend der Verlust des Vaters das innere Selbstbild dieser Kinder verändert und damit auch ihre Möglichkeiten prägt, selbst einmal intakte Beziehungen zu leben.

Das Interview will das Wissen über die Folgen von Elternentfremdung für Kinder bereichern. Darüber hinaus will es aber auch aufzeigen, dass das an den Bedürfnissen der Kinder ausgerichtete Handeln der Eltern und der Fachleute lebenswichtig für diese Kinder ist.

Um den Text lesbarer zu machen, haben wir diesen sprachlich leicht überarbeitet. An dieser Stelle danken wir Frau M. Herget herzlich für Ihre Mitarbeit. Für den Fall, dass Interesse daran besteht, die Original-Aufnahme des Interviews zu hören und so einen unmittelbaren Eindruck zu bekommen, so kann diese nachträglich bestellt werden.[1]

[1] Die CD kann bei Herrn Dr. Allard Mees, Am Wäldchen 11a, 55270 Klein-Winternheim gegen einen Aufwendungsersatz von 5 EUR in Briefmarken bestellt werden.

Die Veranstaltung

Einführung

Nach einer von der Bundesrepublik in Auftrag gegebenen Untersuchung[2] verlieren ungefähr 40 % der Trennungskinder nach etwa einem Jahr den Kontakt zum Vater.
Was Trennungseltern angeht, so wissen wir von Vätern, dass für viele von ihnen eine Trennung von der Partnerin auch eine ungewollte Trennung von ihren Kindern bedeutet. Über die Rolle der scheidungsbegleitenden Professionen und deren häufig verheerende Wirkung auf das Seelenleben der Väter in diesem Prozess weiß man mittlerweile recht viel. Manche Väter erleben die Entfremdung von ihrem Kind wie eine Art lebendigen Tod des Kindes.
Über die Mütter hingegen und ihre Beweggründe im Zusammenhang mit der Entfremdung wissen wir sehr wenig. Erst in letzter Zeit sind erste Interviews[3] aufgetaucht.
Ebenfalls wissen wir wenig über die Gefühle der eigentlich Betroffenen, der Kinder.[4]
Wir hoffen, dass wir im Gespräch mit den Kindern etwas über ihr persönliches Erleben erfahren können. Für den Mut, den sie hier aufgebracht haben, an dem Gespräch über ihre Gefühle während und nach der Elternentfremdung mitzuwirken, möchten wir den betroffenen Kindern recht herzlich danken.

[2] Roland Proksch, Rechtstatsächliche Untersuchung zur Reform des Kindschaftsrechts (Köln 2002) S. 405.
[3] Joep Zander, Moeder-kind-vader, een drieluik over ouderverstoting (Deventer 2004).
[4] Vgl.: Judy Wallerstein, Julia Lewis, Langzeitwirkungen der elterlichen Ehescheidung auf Kinder, – Eine Längsschnittuntersuchung über 25 Jahre. Zeitschrift für das gesamte Familienrecht, FamRZ 48.2, 2001, 65-72; Victims of Another War. The Aftermath of Parental Alienation (DVD: hwww.victimsofanotherwar.com); Interview S. Schumacher: www.vafk-wiesbaden.de/informationen_varia/SabrinaSchumacher.htm.

Vorbereitung des Gesprächs

Bei der Vorbereitung auf diese Veranstaltung und in den Gesprächen mit den Kindern haben wir festgestellt, dass diese sehr unterschiedliche und zum Teil auch sehr komplizierte Biographien haben. Des Weiteren befinden sich diese Kinder in sehr unterschiedlichen Stadien der Verarbeitung dessen, was sie erlebt haben. Zum Teil sind sie noch sehr verstrickt in das, was sie erfahren haben, zum Teil konnten sie aber auch schon eine gewisse innere Distanz und eine innere Haltung herstellen zu dem, was ihnen passiert ist. Die Auswahl der Kinder in diesem Gespräch spiegelt verschiedene Stufen der Elternentfremdung wider: während an der einen Seite des Spektrums ein Kind steht, das nach vielen Jahren der Elternentfremdung den Weg zum Vater zurückgefunden hat, wurde zur Darstellung des anderen Randes des Spektrums auch ein Kind eingeladen, das noch nie seinen Vater hat kennen lernen dürfen und hier wohl erst am Anfang steht.
In allen Fällen stellte sich in meinen Vorgesprächen mit den Kindern heraus, dass das, was wir über deren Erlebensseite heute hören werden, zum Teil nicht übereinstimmt mit dem, was objektiv passiert ist.
Für diese Veranstaltung heute hatte das die Konsequenz, dass wir uns dazu entschieden haben, uns stark auf dieses subjektive Erleben der Kinder zu konzentrieren. Wenn wir ihnen die Kinder jetzt vorstellen, werden wir ihnen deshalb nur sehr knappe Daten über das Objektive geben. Wir werden nicht im Einzelnen in die Biographie dieser Kinder gehen und auch nicht im Einzelnen das zur Entfremdung führende Verhalten der Eltern und Großeltern schildern. Aber die Kinder werden, soweit es nötig ist, um Ihnen ihr inneres Erleben zu schildern, diese Dinge in ihre Antworten einfließen lassen. Dies schien uns der beste Weg zu sein, um das Problem zu lösen, dass wir es hier mit sehr verschiedenen Biographien zu tun haben.

Vorstellung der Kinder

Leanna

Leanna ist 15 Jahre alt, sie ist die jüngste Teilnehmerin. Als Leanna geboren wird, sind ihre Eltern verheiratet, sie hat eine jüngere Schwester.
Ihre Eltern trennen sich am 22. Juni 1999. Dieser Tag bedeutet auch für Leanna die Trennung von ihrem Vater. Etwa drei Monate später, nämlich im August 1999, sieht Leanna das erste Mal ihren Vater wieder, und es setzen dann auch Besuchskontakte ein, die allerdings in ihrem Rhythmus immer wieder wechseln. Diese Besuchskontakte setzen sich fort bis zum Sommer 2002 und werden dann von Leanna abrupt abgebrochen, nachdem sie einen Sommerurlaub mit ihrem Vater und seiner Partnerin verbringt. Leanna kommt von diesem Sommerurlaub zurück und sagt: „Ich möchte dort nie wieder hin". Die Mutter unterstützt diese Ablehnung weiterer Kontakte.
Es folgen Jugendamtsanhörungen. Ein erster Jugendamtstermin wird von der Mutter abgesagt. Ein zweiter findet statt. Vor diesem Jugendamtstermin bekommen Leanna und ihr Schwester von der Mutter und ihrem Partner erklärt, wie sie sich dort äußern sollen. Leanna lehnt bei diesem Jugendamtsgespräch weitere Kontakte mit dem Vater ab.
Es kommt parallel zu Auseinandersetzungen zwischen Leanna und ihrer Mutter, die im Sommer 2003 heftig eskalieren. Leanna trägt durch körperliche Gewalt Verletzungen davon, die in der Schule wahrgenommen werden. Eine Vertrauenslehrerin nimmt sich ihrer an und schaltet das Jugendamt ein. Es kommt infolge der Einschaltung des Jugendamts dazu, dass Leanna zu ihrem Vater wechselt.
In dieser Biographie spielt Leannas Großmutter mütterlicherseits eine erhebliche Rolle. Zu ihr hat Leanna ein sehr intensives Verhältnis. Sie sagt von ihr: „Wir sind wie Pech und Schwefel". Die Großmutter unterstützt Leanna in dem Wechsel zu ihrem Vater. Dies führt dazu, dass die Beziehung zwischen der Großmutter und Leannas Mutter zerbricht. Es gibt seit zwei Jahren keinen Kontakt mehr zwischen Leannas Mutter und deren Mutter.
Die Beziehung zur Mutter von Leanna sieht so aus, dass ein Unterhaltsprozess gegen die Mutter geführt wurde. Die Mutter wurde dazu verpflichtet, Unterhalt für Leanna zu zahlen. Sie kommt dieser Verpflichtung nicht nach.

Sascha

Sascha ist 20 Jahre alt und studiert Biologie. Er wohnt in Mühlheim an der Ruhr. Sascha hat für insgesamt neun Jahre seinen Vater nicht sehen dürfen, solange hat die Kontaktunterbrechung gedauert. Er hat eine 15-jährige Schwester, die noch heute bei der Mutter lebt. Saschas Eltern trennen sich 1991, da ist er 7 Jahre alt. Etwa zwei Jahre später lassen sich seine Eltern scheiden.
Eine Besonderheit in Saschas Biographie ist, dass seine Mutter unter schubweise auftretenden psychischen Störungen leidet. Sascha erlebt während der Konflikte zwischen seinen Eltern eine Folge von Gerichtsverfahren bezüglich des Umgangsrechts seines Vaters. Er wird wiederholt beim Jugendamt und bei Gericht angehört. Er lehnt aktiv jeden Kontakt zu seinem Vater ab.
Anfang 2004 tritt die Situation ein, dass sich ein bei der Mutter auftretender Krankheits-Schub gegen Sascha selber richtet. Als er aus der Schule kommt, findet er an der Haustür einen Brief seiner Mutter vor, in dem diese ihm mitteilt, dass er in Zukunft ein eigenes Leben führen und nicht mehr bei ihr wohnen solle. Sascha kommt bei Freunden und in der Kirche unter.
Er schildert, dass nach diesem Weggehen von der Mutter bei ihm ein intensiver Denkprozess eingesetzt hat. Wenige Monate später, nämlich im Mai 2004, sieht er das erste Mal seinen Vater wieder. Mit ihm hat er bis heute Kontakt.
Kontakt zur Mutter hat Sascha heute nur wegen eines Unterhaltsverfahrens.
Eine weitere Besonderheit bei Sascha ist, dass er einen Doppelnamen aus den Namen beider Eltern geführt hat. Dieser Doppelname wurde von seiner Mutter geändert, der Name des Vaters wurde von ihr entfernt.

Tina

Tina ist 28 Jahre alt und lebt in Hamburg. Sie hat zunächst eine Ausbildung zur Krankenschwester gemacht, weil sie sich zum Ziel gesetzt hatte, Medizin zu studieren. Sie hat allerdings nach Abschluss dieser Ausbildung ein Designstudium absolviert, welches sie in diesem Jahr abgeschlossen und über ihren Beruf als Krankenschwester finanziert hat. Ihr Wunsch ist es, ihre Designkenntnisse in einem Beruf umzusetzen.

Tinas Eltern sind verheiratet, als sie geboren wird. Ihre Mutter ist Französin und ihr Vater Deutscher.

Als sie 6 Jahre alt ist, trennen sich die Eltern. Unmittelbar nach dieser Trennung geht Tina mit der Mutter nach Frankreich, lebt aber in den kommenden zwei Jahren wesentlich mit den Eltern der Mutter zusammen. Sie wächst mit den Großeltern auf. Die Mutter ist so gut wie nicht anwesend, weil sie berufsmäßig sehr stark engagiert ist. Die Mutter heiratet einen neuen Partner. In dieser Familie wächst Tina weiter auf. Erst mit 12 Jahren, also 6 Jahre nach der Trennung der Eltern, sieht sie das erste Mal ihren Vater wieder. Es bleibt zu diesem Zeitpunkt bei einer Begegnung. Erst als sie 16 – 17 Jahre alt ist findet ein zweiter Kontakt mit dem Vater statt. Beide Zusammentreffen beschreibt sie als komisch und anstrengend. Als Tina Anfang 20 ist, entscheidet sich die Mutter aus Deutschland wegzugehen und ins Ausland zu ziehen. Da setzt bei Tina eine Phase ein, in der sie endgültig den Kontakt zum Vater aufnimmt. Diesen hat sie bis heute, ein guter Kontakt. Auch der Kontakt zur Mutter besteht fort, allerdings in sehr veränderter Art als zuvor.

Melanie

Melanie ist 34 Jahre alt. Sie ist Archäologin und arbeitet zurzeit an ihrer Promotion. Melanies Eltern waren nicht verheiratet. Sie ist die Einzige unter den vier Kindern, die bis heute ihrem Vater noch nicht begegnet ist.

Melanies Eltern haben sich getrennt, bevor sie auf die Welt kam. Melanie wird von ihren Großeltern erzogen. Der Großvater mütterlicherseits ist auch ihr Vormund. Die Mutter arbeitet viel, daher sind die Großeltern wichtige Bezugspersonen. Fragen von Melanie nach dem Vater bei ihren Großeltern werden recht barsch abgewendet.

Als sie 9 Jahre alt ist, heiratet die Mutter, und aus dieser neuen Beziehung der Mutter gehen zwei weitere Kinder hervor. Die Mutter zieht dann von den Großeltern weg, die für Melanie bis dahin so etwas wie eine Familie geworden waren. Sie begreift das auch als ein Herausreißen aus der Familie.

Etwa 3 – 4 Jahre nach der Verheiratung der Mutter entwickelt der Stiefvater ein Alkoholproblem und wird starker Alkoholiker.

Melanie lebt bis zum 25. Lebensjahr in dieser Familie. Ein wesentlicher Grund dafür ist, dass sie zwischen dem 22. und 25. Lebensjahr ihr Abitur nachgeholt hat und erst nach der Prüfung zu Hause ausgezogen ist, um ihr Studium zu beginnen.

Seit diesem Auszug von zu Hause hat bei Melanie eine intensive Auseinandersetzung mit der Vatergeschichte eingesetzt, die sie bis heute nicht losgelassen hat.

Melanie hat keine Erinnerungen an Kontakte mit dem Jugendamt oder mit Gerichten.

Das Gespräch

Elisabeth Schmidt:

Die Biographien der hier anwesenden Kinder sind sehr unterschiedlich, aber sie haben eines gemeinsam: die Tatsache, dass sie ihren Vater entweder lange Zeit gar nicht gesehen haben oder nur unter sehr erschwerten Bedingungen oder, wie du Melanie, noch gar nicht sehen durften. Ich würde also einmal an diese eine Gemeinsamkeit – also das Nicht-Dasein des Vaters – anknüpfen, um in das Gespräch mit euch einzusteigen. Ich würde gerne wissen, ob er in der Zeit, in der er nicht da war bzw. nicht da ist, trotzdem auf irgendeine Art und Weise präsent ist. Gibt es so etwas wie ein inneres Bild vom Vater bei euch? Gibt es eine Idee von ihm? Was löste er für Gefühle in euch aus, in der Zeit, in der er nicht da war? Könnt ihr euch daran erinnern?

Tina:

Ja, ich erinnere mich daran, dass ich meinen Vater sehr idealisiert habe. Er war für mich immer so eine ganz entfernte Person, die ganz viel kann und ganz toll ist. Und weil er ja auch wie du [Melanie] Archäologie studiert hat und 50 Millionen Sprachen spricht, fand ich ihn immer irgendwie super. So ist das auch immer geblieben, und wenn mir meine Mutter mal gesagt hat: „Dein Vater ist ja verrückt“, oder bescheuert oder was dann alles so für Sachen gefallen sind, dann habe ich das zwar angenommen aber auch wieder abgestoßen. Aus irgendeinem Grund ist in mir ein [positives] Bild geblieben, so dass ich gedacht und gesagt habe: „Nein, der ist toll.“ Das hat sich auch weiterhin so durchgezogen. Witzigerweise habe ich auch unabhängig von ihm die gleichen Interessen entwickelt, wie z. B. mein Interesse an Geschichte, so dass meine Mutter oftmals vor mir stand und sagte: „Du bist ja wie dein Vater. Ist ja merkwürdig, was du so für Sachen magst.“ Das fand ich schon ein lustiges Phänomen, dass ich mich ohne seine Anwesenheit, nur durch die Erinnerung oder dadurch, wie ich ihn idealisiert habe, so entwickelt habe.

Elisabeth Schmidt:

Aber heißt das nicht auch umgekehrt, dass dadurch, wie du dich selber gesehen hast, du umgekehrt auch ihn sehen konntest? Wenn du sagst: „Ich habe an mir selber das und das festgestellt und hatte die Vorstellung, dass dies von ihm kommt.“ Habe ich das richtig verstanden?

Tina:

Das weiß ich nicht, denn ich habe ihn ja so idealisiert in diese tolle Vaterfigur, weil ich keine richtige [Vaterfigur] hatte und habe mir immer gewünscht, dass er mit mir etwas unternimmt, weil das sonst ja keiner gemacht hat. Ich weiß nicht, warum sich das vielleicht parallel entwickelt hat oder ob das durch die Idealisierung [gekommen ist], dass ich anders sein wollte, so wie er und nicht so wie meine Mutter. Ich kann das jetzt schwer sagen. Wir haben jetzt im Nachhinein festgestellt – wenn wir Kontakt haben – dass es scheinbar doch so ist und die Geburtszellen gleich sind.

Melanie:

Ich habe ein ähnliches Phänomen festgestellt. Eine meiner frühesten Kindheitserinnerung ist, dass ich meine Oma in der Küche nach meinem Vater gefragt habe.
Ich bin in einer großen Familie aufgewachsen. Da waren meine Großeltern, meine Mutter und ich, der Bruder meiner Mutter, seine Frau und zwei Kinder. Also eine relativ große Familie. Mir ist aber trotzdem aufgefallen, da fehlt jemand. In einer meiner frühesten Erinnerungen stehe ich in der Küche und frage meine Oma nach meinem Vater, die sehr heftig reagierte. Ich habe gedacht: „Um Gottes Willen, was habe ich jetzt gefragt? Es ist ganz schlimm“. Ich durfte nicht fragen. Dies ist bis heute so. Wenn in meiner Familie nachgefragt wird bzw. wenn die Sprache auf meinen Vater kommt, dann ist sofort alles still, alles lächelt und schon wird ein neues Thema angefangen. Es gibt bis heute keine Gesprächsgrundlage über meinen Vater.

Elisabeth Schmidt:

Hast du eine Idee, wie alt du warst? Wann war diese früheste Kindheitserinnerung?

Melanie:

5 – 6 Jahre alt.

Elisabeth Schmidt:

Kannst du das genauer beschreiben? Weil du gesagt hast, da wurde sehr heftig reagiert? Wie sah das konkret aus?

Melanie:

Meine Oma war sehr liebevoll aber auch sehr, sehr streng. Ich kann mich an die genauen Worte nicht mehr erinnern, aber ich habe mich furchtbar erschrocken

über ihre Reaktion. Das war sehr heftig: „Um Gottes Willen, der ist nicht wichtig, den brauchst du nicht, vergiss den, wir kommen ohne ihn klar, wir haben hier genug Leute.“ Ich habe mich sehr erschrocken damals, das weiß ich noch und ich wusste: „O.k., du darfst nicht mehr danach fragen. Das ist kein Thema, und das [dieses Verhalten] muss ich beibehalten.“
Daher habe ich auch kein Bild von ihm entwickelt. Ich habe später ein Bild von ihm von meiner Mutter bekommen, da ist er aber so groß [zeigt eine sehr kleine Distanz zwischen Daumen und Zeigefinger] und ich kann ihn nicht wirklich erkennen.
Das ist so ein bisschen ähnlich [wie bei Tina], denn ich bin in meiner Familie eine Art Exot mit meinen Interessen. Ich lese gerne, höre Musik – auch klassische Musik – Kunst interessiert mich ebenfalls. Ich bin in der Familie ein absoluter Exot, und ich denke auch, wo kommt das her? Also, wenn nicht von der Seite meiner Mutter, dann muss es eben woanders herkommen. Vielleicht von der Seite meines Vaters, ich weiß es nicht. Ich könnte es mir vorstellen.

Elisabeth Schmidt:

Du hast eben gesagt, du warst damals erschrocken. Das heißt, du erinnerst dich heute als 34-jährige daran, dass du als 5-jährige bei dieser Reaktion erschrocken warst. Wenn du uns das heute erzählst, bist du da immer noch erschrocken, oder wie ist das heute? Ist es dasselbe Gefühl?

Melanie:

Es ist ein bewegendes Gefühl.

Elisabeth Schmidt:

Das kann ich gut nachvollziehen.

Geht dir das ähnlich Tina? Oder nicht? Du hast ja eben ähnliche Mechanismen beschrieben. Zwar nicht so heftig, wie Melanie sie gerade geäußert hat, aber du hast abwertende Äußerungen geschildert. Gab es da auch solche Reaktionen deinerseits, auch mal Erschrecken oder so etwas?

Tina:

Nein, eigentlich nicht, es war nicht so heftig wie bei dir, Melanie. Wenn ich das jetzt so höre, muss ich sagen, es floss [bei mir] mehr so in den Alltag hinein.
Etwas, was toll und lustig war, war [das Verhalten] von meinen Großeltern in Frankreich mütterlicherseits. Die haben sich irgendwann, als meine Mutter den neuen Mann geheiratet hat, gegen diesen neuen Mann verschworen und meinen

Vater gelobt, wie toll er doch gewesen sei. Es war alles irgendwie schräg. Er war zwar einerseits „bescheuert“ oder „psychisch krank“ oder was da nicht alles kam. Aber die Situation wurde als normal empfunden. Es war nicht so, als ob man nicht darüber hätte reden könnte, sondern es hieß eben: „Es ist halt so.“ Deswegen hatte ich auch nicht solche Empfindungen.

Melanie:

Vielleicht ist es auch so, weil ich ein uneheliches Kind aus den 70er Jahren bin und dies damals einen Makel darstellte. Und ich bin ja auch auf einem Dorf groß geworden. Ich war ein absoluter Makel. In der Familie wurde ich zwar nicht so behandelt, aber nach außen hin war es wichtig, was die Leute von uns denken. Und dann hieß es eben: „Der Mann ist für uns kein Thema. Das halten wir unter dem Teppich und darüber sprechen wir nicht.“

Sascha:

Bei mir war das ein wenig anders. Für meine Mutter war mein Vater quasi das personifizierte Böse, und nach einer Weile – wegen dieser Entfremdung – habe ich dann dieses auch so übernommen. Zumal sie auch viel darin investiert hat, dass ich das geglaubt habe. Als Theologieprofessorin ist sie ja rhetorisch gut vorgebildet und durchaus begabt, anderen eine Meinung aufzuzwingen. Auf jeden Fall gab es dann nach einer Weile keine Gefühle mehr für sie gegenüber meinem Vater.

Elisabeth Schmidt:

Jetzt hast du gerade gesagt: „Für meine Mutter war mein Vater das personifizierte Böse, und ich habe irgendwann angefangen, das zu übernehmen.“ Kannst du das konkreter schildern? Was hat sie gesagt, was dir das Gefühl gab, der Vater sei für sie das personifizierte Böse, und was war bei dir innerlich der Schritt zu sagen: ich übernehme das? Was ist da in dir passiert? Hast du da erst ein bestimmtes Bild vom Vater gehabt, das sich dann dadurch in eine andere Richtung verändert hat? Woran machst du es fest, was du hier erzählst?

Sascha:

Die ersten paar Jahre war ja noch jeden Monat Besuch. Und da hat meine Mutter auch immer gegen meinen Vater argumentiert. Aber da ich ihn regelmäßig gesehen habe, habe ich das Bild nicht so ganz übernommen, weil ich ja immer sehen konnte wie es in Wirklichkeit war. Nur irgendwann hat sie dann mit mir und meiner Schwester einen 6-wöchigen Urlaub gemacht, während den ganzen Sommerferien. In der Zeit wäre auch eigentlich zwei Wochen Besuchszeit bei meinem Vater gewesen. Da hat sie dann ganz besonders intensiv gearbeitet. Als wir zurückkamen, da ist mein Vater, der anscheinend gar nichts davon gewusst hatte, dass seine zwei Wochen Besuchszeit ausfallen, vor Gericht gegangen, um den Termin nachzuholen. Da hat meine Mutter gesagt: „Ja guck, was der wieder verbrochen hat, schon wieder Gericht und wo Du dieses doch so hasst." Das ich das Gericht natürlich nicht mochte, war schon klar, und da hatte sie wieder einen Ansatzpunkt, endgültig zu sagen: „Jetzt schreibst du ihm aber einen Brief, dass du das nächste Mal nicht kommen willst, weil dich das so geärgert hat." Das war der Anfang. Und dann ging es halt so weiter. Beim nächsten Mal hieß es: „Schreib ihm: ‚Wenn er das und das....., und du willst nicht kommen.'" Irgendwann kam ich dann auch nicht mehr.

Elisabeth Schmidt:

Und wenn sie das dann gesagt hat: „Schreib ihm das", dann hast du dich hingesetzt und geschrieben?

Sascha:

Am Anfang nicht sofort, da habe ich noch versucht dagegen zu argumentieren, aber irgendwann hatte sie mich dann doch so weit.

Elisabeth Schmidt:

Und wie war das für dich, wenn du es aufgeschrieben hast? Ich meine, du hast in dem Moment was niedergeschrieben, was du selber nicht dachtest. Kannst du dich daran erinnern, was das für dich selbst bedeutet hat? Also, Melanie hat z. B. eben erzählt, dass sie erschrocken war, als sie nach dem Vater fragte und eine ablehnende Äußerung kam. Gab es bei dir auch so eine emotionale Reaktion, an die du dich erinnerst?

Sascha:

Na ja, es war eigentlich schon seltsam, aber sie hatte mir ja immer logische Argumente an die Hand gegeben, warum es genau richtig wäre, wenn ich das [was sie vorschlug] dann mache. Wenn ich dann den Brief geschrieben hatte [sagte sie]: „Ja, das hast du ganz toll gemacht", und, „jetzt kannst du stolz sein", und so hat sie halt verhindert, dass ich zu negative Gefühle [entwickelt] habe.

Tina:

Ich hatte das auch, aber relativ spät noch. Da ging es um Unterhalt, so das Übliche. Mein Vater hatte nie gezahlt, weil er es nicht konnte. Er war arbeitslos und ich weiß nicht, was da alles war. Sie war meiner Ansicht nach, auch heutzutage noch, sehr kapitalistisch veranlagt, also materialistisch. Sie wollte immer das Geld sehen. Ich muss so 19 – 20 Jahre gewesen sein, da meinte sie dann auch: „Dein Vater tut ja gar nichts. Ich habe dich hier großgezogen, ich habe alles gemacht, und jetzt kann er gefälligst auch mal was tun, er soll jetzt gefälligst mal das Geld zahlen." So zacki, zacki. Dann musste ich halt ihm oder dieser Anwältin, die damals das Rechtsverfahren hatte, wegen dem Unterhalt schreiben, dass ich das möchte. Ich hatte dann dieses Gefühl, als ob ich hier etwas nicht Richtiges tue. Es kam mir total komisch vor, aber ich habe es trotzdem gemacht, weil meine Mutter mich irgendwie bearbeitet hat: Aber ich habe im Nachhinein – so ist ja dann dieser Kontakt [zum Vater] entstanden – für mich entschieden: „So geht das nicht." Dann habe ich den Kontakt gesucht und mich wenigstens bedankt, dass er endlich gezahlt hat. Denn ich hatte ein total schlechtes Gewissen. Es war irgendwie komisch.

Elisabeth Schmidt:

Ein schlechtes Gewissen jemandem gegenüber, mit dem du überhaupt keinen Kontakt hattest.

Tina:

Und dann einfach zu sagen: „Ja, jetzt musst du mal zahlen", ich hatte davon sowieso keine Ahnung, was wer wie wann wo zu zahlen hat.

Elisabeth Schmidt:

Ist das etwas, was du auch kennst Leanna, was du jetzt hörst? Oder kennst du das überhaupt nicht?

Leanna:

Nein.

Elisabeth Schmidt:

Das sagt dir gar nichts? Ich frage dich deswegen, weil du ja mit deiner Schwester zusammen sehr ähnliche Dinge erlebt hast. Du bist auch vom Jugendamt angehört worden, und hast meines Wissens auch ein paar Dinge sagen müssen, die du nicht gedacht hast. Findest du dich wieder in dem, was die anderen gesagt haben? Oder würdest du sagen, dass es völlig anders war?

Leanna:

Nicht wirklich, ich musste keine Briefe schreiben.

Elisabeth Schmidt:

War es denn unangenehm, oder hast du keine Erinnerung mehr daran wie es war?

Leanna:

Nein, gar nicht.

Elisabeth Schmidt:

Ihr habt jetzt alle drei sehr gleiche Sachen geschildert, aber ihr seid die zwei, Tina und Sascha, die euren Vater schon wiedergesehen haben. Die Tatsache, dass ihr ihn ablehnen musstet und die Gefühle, die das damals ausgelöst hat; was bedeuten diese Dinge heute in der Beziehung zu ihm? Zum Beispiel du, Tina, beschreibst damals ein schlechtes Gewissen. Gibt es das heute noch, nachdem du ihn wiedergefunden hast? Wirkt etwas in der Beziehung davon noch heute fort, was diese Ablehnungshaltung angeht?

Sascha:

Ja, es ist schon manchmal seltsam. Man vermeidet das Thema, wenn man sich unterhält, und es ist ein komisches Gefühl, wenn man daran denkt. Aber man versucht halt möglichst nicht so oft daran zu denken und es zu verdrängen.

Tina:

Ich habe das [dieses Gefühl] auch. Ich war letztes Wochenende in Frankfurt [bei meinem Vater], und dann rief meine Mutter an und sagte, ihr neuer Mann hätte einen Herzinfarkt. Ich stand bei meinem Vater und – das ist jetzt alles irgendwie schizophren – wollte ihr das dann auch mit Hängen und Würgen erklären. „Ja, ich bin bei meinem Vater." Das war dann schon etwas unangenehm, denn ich denke, dass sie irgendwie neidisch, traurig, was auch immer ist, dass diese Beziehung tatsächlich funktioniert. Sie hat immer gesagt: „Du musst deine Erfahrungen selber machen", und die mache ich ja jetzt auch. Aber ich habe trotzdem dieses schlechte Gewissen, dass ich ihn auch verteidigen müsse, wenn sie mal nachfragt: „Und, was hat er so gemacht", und: „Hat er dir mal endlich was gekauft", oder: „Hat er dies oder das". Und ich muss ihn dann immer verteidigen: „Ja, hat er gemacht, nun entspann dich mal wieder eine Runde." Ich habe das heute noch mit dem schlechten Gewissen, und ich weiß auch, dass es immer noch auftaucht.

Sascha:

Das Problem habe ich zum Glück nicht, dass ich mit meiner Mutter darüber reden müsste. Ich glaube auch, das ginge nicht. Das wäre gar nicht möglich. Ich meine, es würde sie zwar alles brennend interessieren, aber nur, um es im Anschluss zu zerreißen.

Elisabeth Schmidt:

Du sagst, du hast das Glück, nicht mit ihr reden zu müssen. Empfindest du es wirklich so, dass es gut ist, keinen Kontakt zu deiner Mutter zu haben?

Sascha:

Ja.

Elisabeth Schmidt:

Das ist gut für dich? Könntest du dir heute vorstellen, dass du den Kontakt irgendwann mal doch haben möchtest? Oder Fragen darüber stellen möchtest, warum das so war?

Sascha:

Ja, vielleicht werde ich mich irgendwann einmal mit ihr aussprechen. Aber einen Kontakt über längere Zeit könnte ich mir eigentlich gar nicht vorstellen.

Elisabeth Schmidt:

Hast du eine Idee davon, was du ihr in der Zeit bedeutet hast, in der die starken Entfremdungssachen stattgefunden haben? Was glaubst du, warst du ihr, oder was glaubst du, hatte sie für Gefühle für dich?

Sascha:

Tja, genau weiß ich es nicht. Aber ich denke mal, dass sie uns beide [mich und meine Schwester] mehr als Alleinbesitz betrachtet hat und uns nicht teilen wollte. Das war jetzt auch nicht unbedingt nur wegen meines Vaters, denn sie hatte es generell lieber, wenn wir in ihrer Nähe und unter ihrer Kontrolle waren.

Elisabeth Schmidt:

Wie war es bei den anderen, was die Mutter angeht?

Melanie:

Ja, ich habe schon das Gefühl, eine sehr liebevolle Mutter zu haben. Ich habe kein schlechtes Gewissen meiner Mutter gegenüber und auch keine schlechte Meinung von ihr. Ich bin traurig über die Situation, aber nicht wütend auf sie. Genauso, wie ich nie wütend auf meinen Vater war. Das Gefühl kenne ich nicht. Er war halt eine Person, die nicht da war. Er hat mich 25 Jahre lang überhaupt nicht interessiert, er war eben nicht da. Erst als ich angefangen habe darüber nachzudenken, da ist mir bewusst geworden, was mir eigentlich fehlt.
Das begann, als ich aus der Familie raus bin, mein eigenes Leben lebte und von anderen Menschen angesprochen worden bin: „Ja wo kommst du denn her, was machst du denn, was macht deine Familie.“ Da habe ich angefangen darüber nachzudenken: „Was ist das für ein Mensch?“ Heute bin ich traurig, dass ich ihn nicht kenne. Aber ich bin nicht wütend auf ihn und auf meine Mutter.

Elisabeth Schmidt:

Und diese barschen Reaktionen, wenn du nachgefragt hast, kannst du sie in Einklang damit bringen, wenn du sagst, du erlebst deine Mutter oder hast sie als liebevoll erlebt? Ist das kein Widerspruch für dich? Steht das nebeneinander?

Melanie:

Das steht eher nebeneinander, weil das die Zeit ist, wo ich bei meinen Großeltern gelebt habe, bis zu meinem 9. Lebensjahr. Das waren für mich meine ersten Bezugspersonen. Meine Mutter hat gearbeitet, sie hat mich nur abends ab 5 bis 6 Uhr mal gesehen, und eigentlich ist meine Mutter erst meine Mutter geworden, als sie geheiratet hat. Als sie mich aus der Familie herausgenommen und eine eigene Familie gegründet hat, erst ab diesem Zeitpunkt ist meine Mutter für mich eine Mutter gewesen. Vorher war meine Oma meine erste Bezugsperson, und dieses barsche Verhalten bringe ich eigentlich mit meinen Großeltern in Verbindung, vor allem mit meiner Oma. Während meine Mutter eher total lustlos daneben stand. „Es war halt so damals.“ Das war ihre Reaktion darauf.

Elisabeth Schmidt:

Kannst du nun darüber sprechen, Tina? Hast du eine Vorstellung, was du deiner Mutter gewesen bist oder bedeutet hast?

Tina:

Also, das war ähnlich wie bei dir, Melanie, dass bei meinen Großeltern, die deutschen..., eigentlich nicht die Großeltern..., also eine etwas komplizierte Geschichte...

Elisabeth Schmidt:

Vielleicht erzählst du es kurz.

Tina:

Das sind eigentlich Nachbarn gewesen von meinen Eltern, als sie damals dahin gezogen sind. Weil meine Mutter aus Frankreich hierher gekommen ist und kein Deutsch konnte, haben sie ihr so ein bisschen unter die Arme gegriffen. Weil mein Vater arbeiten war oder ständig weg war oder was auch immer. Diese beiden haben ihr halt geholfen. Ich fand sie total super und wollte immer bei ihnen sein. Also für mich sind das für mich mehr die „Großeltern" [die Nachbarn]. Wenn ich sage: „die Eltern", oder: „Familie", dann sind das die beiden. Weil die harmonisch waren, weil die immer zusammen waren, weil die immer für mich da waren und weil sie sich um mich gekümmert haben. Und meine Mutter war eher..., heute würde ich sagen, eine Freundin. Das hat sie auch immer behauptet. Sie fand es immer ganz furchtbar, wenn ich irgendwo „Mama" gesagt habe. Dann hat sie immer gesagt: „Nenne mich doch beim Vornamen, wenn wir in der Öffentlichkeit sind." Das hat sie zwar im Spaß gesagt, aber man nimmt das ja doch auf. Sie war nie so der Muttertyp, so das Muttertier, wie man es sich vorstellt. Dass sie mit mir gespielt hätte oder mit mir irgendwo hingegangen wäre, was Mütter halt so machen, das hat sie nie gemacht. Das haben diese „Großeltern" übernommen. Deswegen war das auch immer so eine ganz merkwürdige Beziehung zu ihr.

Leanna:

Ich kann mich auch nicht daran erinnern, dass meine Mutter irgendwann mal mit mir gespielt hat. Nie. Nur mit meinem Vater oder mit meiner Schwester [habe ich gespielt], mit meiner Mutter nie.

Elisabeth Schmidt:

Und hast du eine Idee? Was würdest du sagen? Wie fand sie dich? Mochte sie dich? Was glaubst du?

Leanna:

Ich glaube, sie hat uns nur benutzt, meine Schwester und mich. Damit sie das kriegt, was sie will. Geld und Macht, sozusagen. Sie hat uns manipuliert.

Elisabeth Schmidt:

Das ist ja eine ziemlich schlimme Geschichte, die du uns erzählst: „Meine Mutter hat uns benutzt und manipuliert." Was bedeutet das heute für dich, wenn du es aussprichst? Macht es dich traurig, wütend, ratlos oder vielleicht unsicher?

Leanna:

Wütend.

Elisabeth Schmidt:

Hast du Möglichkeiten, wo du mit dieser Wut hingehst? Was du mit ihr machst?

Leanna:

Ich beiße ins Kissen.

Elisabeth Schmidt:

Ich würde gerne nochmals auf die Zeit vor der Trennung eurer Eltern zurückgehen. Das ist bei dir schwierig, Melanie, aber ich würde gern bei den anderen nochmals nachfragen, ob es Erinnerungen an die Gefühle für eure Eltern vor der Trennung gibt.

Leanna:

Ja, also die Gefühle zu meiner Mutter waren gut, bevor es zur Trennung kam, weil ich wusste, dass sie sich trennen. Und zu meinem Vater..., weil er mich damals geschlagen hatte – aus Versehen einmal – ja, da war ich halt sauer und war froh, dass er gegangen ist.

Elisabeth Schmidt:

Wie hat sich das dann verändert, als die Situation eintrat, dass du nicht mehr zu ihm durftest bzw. dass es sozusagen zu einem Bestrafungsritual deiner Mutter wurde, dass du nicht mehr zu deinem Vater durftest. Kannst du beschreiben, wie sich deine Gefühle zu deiner Mutter und zu deinem Vater verändert haben?

Leanna:

Also, verändert haben sich die Gefühle zu meiner Mutter erst jetzt, 2003. Da bin ich richtig sauer gewesen, vorher war sie eigentlich die liebe nette Mutter.

Elisabeth Schmidt:

Kannst du die Ereignisse beschreiben, die 2003 den Umschwung gebracht haben, damit wir das ein bisschen genauer verstehen?

Leanna:

Sie hat mich nur noch angeschnauzt. Sie hat gehauen, aber nicht geschlagen. Zu meinem Vater hatte ich gesagt, dass ich zu ihm wolle, entweder ganz zu ihm oder nie mehr [zu ihm]. Also entweder hier oder dort. Da hat sich das erst geändert. Ich dachte: „Es kann ja wohl nicht sein. Ich will selbst entscheiden, wann ich zu meinem Vater will oder nicht." Dann war ich sauer auf meine Mutter, und wir haben uns nur noch gezofft. Dann ging es mal wieder einen Monat gut. Schließlich bin ich zu meinem Vater [gegangen].

Elisabeth Schmidt:

Hast du ihr das sagen können damals: „So geht es nicht und ich möchte selbst entscheiden können?" Hast du es irgendwem sagen können?

Leanna:

Mit meiner Oma habe ich darüber reden können.

Elisabeth Schmidt:

Mit der hast du gesprochen.

Leanna:

Ja, ich habe gesagt: „Ich will weg, und ich habe keinen Bock mehr."

Elisabeth Schmidt:

Als du beim Jugendamt zum ersten Mal angehört worden bist Leanna, wo du noch sagtest: „Da habe ich erzählt, was meine Mutter wollte"; wie war das für dich, als du gesagt hast, was du ja nicht gedacht hast?

Leanna:

Das war schon eigentlich o. k. für mich, denke ich mal. Da wollte ich ja nicht zu meinem Vater, das was 2002.

Elisabeth Schmidt:

Da war es in Ordnung.

Leanna:

Ja.

Elisabeth Schmidt:

Als du dann zu deinem Vater zurückgefunden hast, wie haben sich dann noch mal die Gefühle verändert?

Leanna:

Ich war froh. Mein Vater und ich saßen im Auto, als meine Mutter weggefahren ist und da hat er gemeint: „Ich habe mein verlorenes Schaf wieder." Und da haben wir beide geheult und haben uns in die Arme genommen. Es war süß, ja.

Elisabeth Schmidt:

Das heißt, es ist gut so.

Leanna:

Ja.

Elisabeth Schmidt:

Jetzt habe ich bei Leanna diese Kette abgefragt, wie sich die Gefühle für Eltern entwickeln vor der Trennungszeit, vor der Kontaktunterbrechung, dann während und danach. Könnt ihr berichten, wie das bei euch gewesen ist oder gibt es zum Teil keine Erinnerungen mehr daran?

Tina:

Also, ich weiß nicht, was vor der Trennung war, ich kenne nur Erzählungen meiner Großeltern, meiner Mutter oder meines Vaters. Deswegen habe ich dazu auch keine emotionalen Bindungen, Bilder oder sonst noch etwas entwickelt, weder von meiner Mutter noch von meinem Vater. Und danach habe ich die Erzählungen meiner Mutter und mit 12 Jahren dieses unsägliche Treffen mit meinem Vater. Ich glaube, ich konnte mit ihm diese Nähe.... da habe ich so meine Schwierigkeiten. Also, wie du [Leanna] das gerade erzählt hast: „Wir haben uns in die Arme genommen und....", das fällt mir heute auch noch so ein bisschen schwer. Damit habe ich Schwierigkeiten. In der Ferne, wenn wir telefonieren, ist es ganz toll, aber wenn ich dann hier bin, habe ich noch so meine Reibereien irgendwo. Es ist auch mein persönliches Problem. Damals war es für mich auch ein großes Problem, dass er überemotional reagiert hat. Was ich auch verstehen kann, wenn ein Vater sein Kind wieder hat. Aber mich hat das damals immer völlig fertig gemacht, ich war dann zu nichts mehr zu gebrauchen. Das war immer viel zu viel, und ich wollte das alles gar nicht. Aber jetzt denke ich langsam, finden wir beide einen Weg, weil er sich ein bisschen zurücknimmt und mir den Raum lässt, auf ihn zuzukommen, so dass wir uns einander angleichen.

Elisabeth Schmidt:

Bei dir wollte ich gerne an einer Stelle nachhaken. Du hast im 12. Lebensjahr deinen Vater wiedergesehen und dann mit 16 – 17 Jahren nochmals. Was war dazwischen? Was hat sich da abgespielt? Kannst du dich daran erinnern?

Tina:

Ich glaube es war nach diesem Treffen mit 12, das war in einem Café, und das war alles ganz doof. Es dauerte so 4 – 5 Stunden, und dann kamen meine Großeltern wieder. Ich weiß nicht, ich konnte mich irgendwie nicht darauf einlassen. Zu der Zeit war ich bei meinen Großeltern_und wahrscheinlich hat meine Mutter gesagt: „Na siehst du doch, er hält keinen Kontakt", das übliche [Gerede], wobei mein Vater heute behauptet, er hätte 100.000 Briefe geschrieben, die wahrscheinlich abgefangen worden sind, davon gehe ich zumindest aus. Dann hat es sich so dahingeplätschert und ich bin nach einem Jahr nach Amerika gegangen, weil ich die Schnauze voll hatte hier. Dann bin ich wiedergekommen und der Kontakt setzte ein. Ich war 16 oder 17, ich weiß gar nicht, wie es dann nochmals dazu kam. Ich habe daran keine Erinnerung mehr.

Elisabeth Schmidt:

Nach dieser zweiten Begegnung, wo du 16 – 17 Jahre alt warst, kam dann aber noch mal eine Unterbrechung bis zum 20. Lebensjahr.

Tina:

Ich denke die Problematik war, dass er versucht hat, mir alles was passiert ist zu erklären, und ich musste immer dazwischen stehen. Dann kam meine Mutter und hat ihre Seite erzählt. Und das habe ich bis heute beiden [mehrmals] gesagt, auch beim letzten Kontakt: Ich will das nicht hören, weil ich nicht dabei war. Ich weiß nicht, wer wen geschlagen hat und wer wen betrogen hat und wer wen verlassen hat und wer wem was wie gemacht hat. Da haben beide immer massiv auf mich eingeredet und gesagt: „So war das aber, und so war das aber", und ich wusste überhaupt nicht, was ich machen sollte.
Man kann damit nicht so richtig umgehen, man will beide lieb haben, aber es geht irgendwie nicht. Und dann habe ich beim neuen Kontaktversuch – als meine Mutter weg war, das war ein segensreicher Abstand – gesagt: „Väterchen,

du erzählst mir nichts darüber und Mutter, du sagst auch nichts", und dann ist es gut so [für mich], und das hilft.
Ich verstehe schon, dass man loswerden will, was damals passiert ist, um das dem Kind zu erklären. Aber es nützt mir nichts. Mich hat es nur durcheinander gebracht. Dann kommen wieder starke Gefühle auf, wenn die Mutter sagt: „Der Vater hat mich geschlagen." Dann denkt man: „Ja, Scheiß-Vater, was soll denn das?" Nur, ich weiß natürlich nicht, warum er sie geschlagen hat. Hat er sie einfach nur geschubst, weil sie vielleicht sonst was gemacht hat? Ich war ja nicht dabei. So, dann habe ich zu mir selbst gesagt: „Ich bin jetzt 20, Mutter ist weg, Vater ist da, und ich kann das jetzt selbst entscheiden, und ich gucke mal, was so los ist." Und ich denke, dass mir zwischen dem 12. und 17. Lebensjahr immer wieder meine Mutter eingeimpft hat: „Er war ja so böse", und in der Pubertät ist man ja sowieso verwirrt.

Elisabeth Schmidt:

Wie war das bei dir, Sascha?

Sascha:

An die Gefühle zu meinem Vater vor der Trennung kann ich mich auch kaum erinnern, das gehörte ja in den Jahren danach nicht zur offiziellen Geschichtsschreibung.

[Allgemeines Gelächter]

Sascha:

Und mir ist auch heute manchmal so komisch, wenn ich jetzt andere Mitglieder aus der väterlichen Seite der Familie treffe, die ich ja auch die ganzen Jahre nicht gesehen habe. Und wenn die dann erzählen: „Ja, wir haben das damals überhaupt nicht verstanden, dass du nicht mehr gekommen bist. Ich erinnere mich noch genau daran, wie du damals fröhlich aus dem Auto gesprungen bist und wie gut ihr euch immer verstanden habt", und so. Dann weiß ich: O. k., gut, schön, dass ich das auch mal weiß.
Jetzt verstehe ich mich inzwischen ganz gut mit meinem Vater, aber so ein bisschen Distanz ist immer noch da. Wir gehen immer sehr vorsichtig miteinander um, damit bloß kein Streit oder so etwas passieren könnte.

Elisabeth Schmidt:

Ich weiß nicht wie es Ihnen hier allen geht – aber es ist unheimlich schwer für jemanden, der das nicht erlebt hat, zu verstehen, was da abgeht. Ich finde, es hat etwas Diffuses, und ich verstehe es noch nicht ganz.

Vor allem diese Zeit, in der ihr euren Vater ablehnen musstet, das würde mich nochmals interessieren. Was hat es für euch bedeutet, den Vater ablehnen zu müssen, und was hat das emotional bei euch ausgelöst?
Und mich würde auch interessieren, [welche Gefühle ihr hattet] sobald ihr das gegenüber dem Jugendamt oder dem Gericht sagen musstet. Habt ihr eine Idee, was da hätte anders sein müssen, damit die euch vielleicht hätten helfen können, das nicht zu sagen? Habt ihr euch das gewünscht? Da spreche ich vor allem Sascha und Leanna an. Könnt ihr euch vorstellen, dass jemand hätte merken können, dass ihr da was sagt, was ihr gar nicht denkt? Würdet ihr heute einen Rat geben können, wie man das anders machen müsste, damit nicht passiert, was euch passiert ist?

Sascha:

Tja, es ist schwierig. Also, ich habe auch ab und zu überlegt, ob das hätte anders laufen können, aber eine richtige Lösung ist mir auch nicht eingefallen. Ich glaube, ich war nach einer Weile auch von dem überzeugt, was ich gesagt habe. Es war zwar das, was meine Mutter mir vorher gesagt hatte, aber irgendwie habe ich schon daran geglaubt, und ich wüsste auch nicht, wie irgendjemand hätte bemerken können, wie das in Wirklichkeit war.

Elisabeth Schmidt:

Das heißt, es gab bei dir gar nicht so einen Moment wie: „Ich sagt jetzt zwar *A*, lieber Jugendamtsmitarbeiter, aber – sozusagen ein verzweifelter Hilferuf – kannst du nicht sehen, dass ich eigentlich *B* meine?“ So etwas gab es nicht?

Sascha:

Nein, ich denke nicht.

Elisabeth Schmidt:

Du hast das nicht aufgespaltet, sondern du hast irgendwann gedacht: „Ich denke das, was ich da sage?“

Sascha:

Es wurde ja auch von meiner Mutter so dargestellt, als wollten böse Jugendamtsmitarbeiter mich zu dem Kontakt zu meinem Vater zwingen. Das wäre jetzt eine Herausforderung für mich, und die müsste ich halt meistern.

Elisabeth Schmidt:

Mit dieser Geschichte im Hintergrund: Habt ihr eine Vorstellung davon, was ihr für euren Vater und eure Mutter seid? Also was sie für Gefühle für euch haben?

Leanna:

Also, mein Vater, für den bin ich alles. Ohne mich könnte er, glaube ich, gar nicht mehr [sein]. Ich bin zwar auch ziemlich stressig, aber es ist o. k.

[Allgemeines Gelächter]

Leanna:

Ja, und für meine Mutter denke ich, bin ich nur eine Belastung.

Elisabeth Schmidt:

Das denkst du heute.

Leanna:

Ja. Sie muss für mich eigentlich Geld bezahlen. Wenn ich nicht da wäre, dann müsste sie das ja nicht zahlen. Deshalb denke ich, bin ich eigentlich nur eine Belastung für sie.

Elisabeth Schmidt:

Kannst du eines der letzten Erlebnisse beschreiben, an denen du diesen Gedanken festmachst? Wo kommt der her? War es ein Gespräch mit ihr, oder war es etwas, was du gehört hast, eine alte Erinnerung vielleicht, an der du das festmachst?

Leanna:

Sie will ja nicht für mich bezahlen. Sie müsste Unterhalt zahlen. Jetzt war ein Gerichtstermin, und sie muss es, aber sie macht es nicht. Und sie will aber wiederum von uns Geld, von meinem Vater und mir, für meine Schwester. Und sie sagt meiner Schwester: „Er wird ja nicht zahlen“, obwohl er immer gezahlt hat. Ja, und deshalb denke ich mal, bin ich eine Belastung für sie.

Elisabeth Schmidt:

O. k. Wie geht es euch anderen?

Sascha:

Tja, das ist irgendwie so, wie bei mir. Mein Vater ist überglücklich, dass er uns wieder hat, weil meine Schwester ihn jetzt auch gelegentlich besucht. Es ist immer eine Riesen-Freude, wenn wir zu Besuch kommen, auch wenn er nicht der emotionalste Typ ist, das bin ich ja auch nicht. Ich kriege auch mal von anderen Leuten erzählt, z. B. von seiner Lebensgefährtin, wie sehr er sich seitdem verändert hätte und dass er irgendwie ein ganz anderer Mensch wäre. Bei meiner Mutter dagegen wüsste ich jetzt wirklich nicht, was ich ihr wirklich bedeute, weil ich ja keinen Kontakt habe. Ich denke mal, dass sie nicht viel Positives mit mir verbindet, weil ich sie ja auch auf Unterhalt verklagt habe und sie sich bis jetzt weigert zu zahlen.

Elisabeth Schmidt:

Was bedeutet es für dich, dass du nicht weißt, was du ihr bist? Das kannst du ja offensichtlich nicht greifen. Und was bedeutet es für dich, dass du sie verklagen musst? Es muss eine ziemliche Belastung für dich sein. Löst das in dir Traurigkeit aus oder Wut, oder was [für ein Gefühl]? Kannst du beschreiben, was das ist?

Sascha:

Eigentlich löst das nicht so viel aus. Manchmal ist es schon ein komisches Gefühl: „Ach, guck mal, das Spiel habe ich früher mit meiner Mutter gespielt", oder: „Da habe ich mit ihr Urlaub gemacht." Aber normalerweise denke ich gar nicht viel daran.

Tina:

Bei mir ist das, als ob ich in eine neue Phase komme, in der ich so wie mein Vater werde und noch von ihm lernen kann. Und bei Mutter habe ich eher das Gefühl, dass sie weniger meine Mutter ist, sondern eher eine Freundin, der ich sogar noch helfen muss, weil sie zur Zeit in einer schwierigen Lebenssituation ist. Ich habe das Gefühl, ich muss ihr jetzt Kraft geben, die sie nicht mehr hat, die sie mir aber früher vielleicht mal gegeben hat. Und bei meinem Vater habe ich das Gefühl: Der ist jetzt mein Vater, und von dem kann ich was lernen, und der hilft mir jetzt, und der ist jetzt für mich da. Das ist ganz merkwürdig.

Elisabeth Schmidt:

[Zu dem Phänomen], das du ganz am Anfang beschrieben hast, so wie du auch, Melanie: „Da habe ich Sachen an mir gesehen, die mussten ja irgendwo herkommen." Als jetzt der Kontakt mit deinem Vater entstanden ist, hat sich das dann sozusagen erklärt? Hast du dich dann auch so entdeckt in dem Kontakt mit ihm?

Tina:

Ja.

Elisabeth Schmidt:

Die Lücke konntest du sozusagen schließen.

Tina:

Ja, ich denke schon, Was die Interessengebiete angeht, sind wir doch sehr gleich. Auch vielleicht ein bisschen die ganze Theatralik und Dramatik, die habe ich bestimmt auch von ihm. Wobei meine Mutter ein gefühlskalter Mensch ist. Ich denke mittlerweile, dass ich jetzt – erschreckenderweise – in mancher Hinsicht werde wie meine Mutter. Aber jetzt ist ja mein Vater da, um das wieder zu brechen. Also man weiß es nicht, wie sich das weiter entwickelt.

Elisabeth Schmidt:

Aber wenn du sagst „erschreckenderweise", dann löst es in dir keinen guten Gedanken aus, dass du einen Teil deiner Mutter in dir findest?

Tina:

Doch schon, aber es ja doch so, dass man sagt: „Ich werde auf gar keinen Fall wie meine Eltern." Ich finde, je älter man wird, um so eher fällt einem auf, dass es dann doch so ist. Sie ist jetzt kein schlimmer Mensch, so wie bei euch, sie ist ja eigentlich eine Liebe und Gute. Sie hat nur persönlich viele Probleme, und ich glaube, so wie sie sich bei manchen Sachen gibt, so möchte ich halt nicht werden.
Ich habe ihr irgendwann einmal an den Kopf geworfen, sie sei unterschwellig dominant. Da ist sie total ausgerastet, weil sie der Meinung ist, dass sie der toleranteste Mensch auf der Welt sei. Aber das ist sie überhaupt nicht, weil sie einem nämlich immer ganz subtil vermittelt, wie sie es gerne hätte. Das habe ich jetzt erst gecheckt, und da musste ich auch erst einmal 23 werden, um das zu begreifen.

Melanie:

Ich halte meine Mutter für einen eher naiven und schwachen Menschen, muss ich gestehen. Sie ist momentan durch meinen Stiefvater in einer schwierigen Familiensituation. Er ist Alkoholiker, und meine Mutter schafft es nicht, da irgendwie auszubrechen. Sie erträgt das seit etwa 15 Jahren oder so und hält es geheim. Und ich habe das Gefühl, diesen stillhaltenden Wesenszug von ihr auch übernommen zu haben, weil ich ja jetzt auch nicht herauskomme aus meiner Situation. Es ist ja auch schlimm für mich.

Elisabeth Schmidt:

Und was deinen Vater angeht, Melanie, bei dir ist nun wirklich die Besonderheit, dass du nichts weißt. Er zahlte aber den Unterhalt für dich. Er hat immer gezahlt.

Melanie:

Er hat immer Unterhalt gezahlt. Und ich habe einen Brief vom Jugendamt bekommen, als ich 18 wurde: Herzlichen Glückwunsch zum Geburtstag, und das ist die Adresse ihres Vaters, viel Glück. Das war's.

[Allgemeines Gelächter]

Elisabeth Schmidt:

Die Adresse deines Vaters wurde dir vom Jugendamt mitgeteilt?

Melanie:

Ja, als ich 18 wurde. Dankeschön, wir sind fertig mit ihnen. Die Akte wurde geschlossen. Ich habe mich damals nicht getraut [einen Kontakt herzustellen], und ich wusste gar nicht, was ich damit [der Adresse] soll. Zu dem Zeitpunkt war der Mann für mich uninteressant. Ich habe das einfach mehr oder weniger ad acta gelegt. Meine Mutter sagte: „Das brauchst du nicht, du hast ja uns.“ Ich habe das weggelegt.

Elisabeth Schmidt:

Uninteressant heißt offenbar, dass es jetzt nichts Emotionales war?

Melanie:

Es hat überhaupt nichts bei mir ausgelöst, zu diesem Zeitpunkt gar nichts. Das kam erst später. Ich weiß auch, dass es ein Gerichtsverfahren gab, als ich 3 Jahre alt war. Er hat es halt einklagen wollen, sicher sein wollen, dass er mein Vater ist. Dieses ist dann bestätigt worden, und er hat dann immer gezahlt, immer regelmäßig und teilweise sogar mehr, als er musste. Von daher hoffe ich, dass ich durchaus eine Bedeutung für ihn habe, denn er hat ja immer gezahlt. Allerdings habe ich sonst nichts von ihm bekommen, keine Postkarte, keinen Anruf, gar nichts. Und das ist es, was mir zu schaffen macht. Dass außer dem Geld nichts kam.

Tina:

Entschuldige, hast du die Adresse jetzt noch?

Melanie:

Die alte Adresse stimmt nicht mehr. Ich habe mittlerweile eine neue herausbekommen, aber ich habe nicht weiter geforscht, weil ich emotional zurzeit nicht in der Lage bin, das anzugehen.

Elisabeth Schmidt:

Was würde passieren, wenn er es täte?

Melanie:

Ich würde mich freuen.

Elisabeth Schmidt:

Das würde dich freuen.

Leanna:

Was ist, wenn deine Mutter Briefe eingesackt hat?

Sascha:

Das habe ich auch gerade gedacht.

Leanna:

Überleg' mal, vielleicht hat sie das gemacht, und er hat dir geschrieben.

Melanie:

Das würde ich meinen Großeltern zutrauen, meiner Mutter eher weniger. Ich habe meine Mutter direkt danach gefragt, sie bestreitet es, aber ich weiß es nicht.

Leanna:

Sicherlich würde sie es nicht zugeben, aber ich würde den Kontakt zu meinem Vater suchen. Auch wenn du es momentan nicht kannst, aber ich würde es an deiner Stelle versuchen, weil dich das fertig macht, und ich glaube nicht, dass dein Vater noch den Mut hat, sich bei dir zu melden. Jetzt musst du den Schritt machen.

Elisabeth Schmidt:

Das finde ich jetzt spannend. Also, du weißt wo dein Vater ist.

Melanie:

Ich habe eine Adresse. Ob die stimmt, weiß ich nicht.

Elisabeth Schmidt:

Diese Idee hatte ich eben, als du sagtest: „Das Jugendamt schreibt mir einen Brief, und da steht auch die Adresse von meinem Vater drin, den ich noch nie in meinem Leben gesehen habe." Das ist ja auch sehr sensibel von denen gewesen. Da habe ich mir überlegt, ob es nicht auch innerlich in dir so einen Wunsch gibt: „Kann da nicht jetzt irgendwann mal eine Fee kommen, und die bringt mir jetzt den Vater, sozusagen das Wunder von oben, so dass ich gar nichts groß machen muss." Warum solltest du auch? Du konntest ja nie was machen. Hast du so etwas wie einen inneren Wunsch, er möge jetzt einfach mal erscheinen?

Melanie:

Ja, durchaus.

Leanna:

Melanie, versuche es! Wirklich.

Tina:

Vielleicht nicht gerade jetzt, wegen den Prüfungen, es ist Terror. Aber vielleicht danach, wenn du irgendwie entspannst.

Sascha:

Bei mir war es [die Kontaktaufnahme] ja auch damals während des Abis, und ich dachte, ich mache das danach, ich muss erst mal abwarten und so. Irgendwie habe ich dann doch so viel darüber nachgedacht, dass ich den Brief schon im Kopf ausformuliert habe, fünffach alle drei Seiten. Dann musste ich es am A-bend vor meiner Abi-Klausur abtippen und abschicken.

Elisabeth Schmidt:

Das hast du am Abend vor deiner Abi-Klausur gemacht?

Sascha:

Ja.

Elisabeth Schmidt:

Alle Achtung. Das ist toll. Wie war das? Da hast du ihn ganz lange nicht gesehen, und du bist vor drei Monaten von deiner Mutter auf ganz ungewöhnliche Weise verabschiedet worden. Wie war das, so den ersten Schritt auf ihn zuzumachen und diesen Brief zu schreiben. Warst du aufgeregt, ängstlich oder neugierig?

Sascha:

Ich war irgendwie gespannt auf die Antwort, auf die Reaktion, weil ich ja eigentlich gar keine Ahnung hatte, wie er sein könnte. Ich kannte ihn ja nicht wirklich, und alles, was ich meinte, über ihn zu wissen… [habe ich von anderen gehört], da habe ich dann vorsichtshalber ganz einfach so getan, als wäre alles falsch und habe gespannt gewartet. Nur war er zu der Zeit gerade im Urlaub und hat den Brief erst später bekommen.

Elisabeth Schmidt:

Und da hast du Angst bekommen, ob er überhaupt antwortet?

Sascha:

Ja.

Elisabeth Schmidt:

Wenn du sagst: „Ich habe vorsichtshalber alles, was ich Schlechtes gehört habe, erst einmal auf die Seite gelegt und war dann nur noch gespannt.“ Das heißt also, du konntest die Botschaften, die du von deiner Mutter bekommen hast, schon trennen? Die hast du ganz bewusst sortiert und weggelegt? Das hast du hinbekommen?

Sascha:

Ja.

Elisabeth Schmidt:

Es war wahrscheinlich auch hilfreich, um den Schritt machen zu können.

Ich würde gerne eine Frage stellen, die mich brennend interessiert. Wenn ihr euch heute anschaut, wer ihr seid und wie ihr mit Mitmenschen umgeht, was ihr erreicht habt und was für ein Gefühlsleben ihr habt und was für Beziehungen und so fort: Könnt ihr euch selber sagen, was davon auf eure Geschichte mit dem Vater zurückgeht? Also darauf, dass ihr ihn nicht hattet oder nur unter erschwerten Bedingungen hattet? Oder dass die Mutter ein schlechtes Vaterbild erzeugt hat oder das Bild des Vaters verboten hat? Welche Anteile in euch führt ihr darauf zurück? Oder könnt ihr es gar nicht? Leanna, du runzelst die Stirn, du hast die Frage nicht verstanden?

Leanna:

Ja.

[Allgemeines Gelächter]

Elisabeth Schmidt:

O. k. Wenn du dir heute anschaust, wie du bist – du hast mir ja bei unseren Vorgesprächen ein paar Sachen erzählt, wie du so drauf bist – wenn du dir das anschaust, glaubst du, dass bestimmte Sachen davon, wie du dich gegenüber anderen Menschen verhältst, darauf zurückzuführen sind, was du mit deinem Vater erlebt hast bzw. darauf zurückzuführen sind, dass du ihn nicht hattest oder das es so schwierig war, zu ihm zu kommen?

Leanna:

Nein.

Elisabeth Schmidt:

O. k.

Tina:

Also, in mir gibt es schon die Vaterfigur als solche, auch weil mein Vater mir extrem gefehlt hat. Ich habe – auch wenn das jetzt keiner glauben will – ein total schlechtes Selbstbewusstsein. Nach außen mag das ja anders wirken, aber innerlich [fehlt es] halt. Und ich bin auch der Meinung, dass z. B. meine Allgemeinbildung sehr darunter gelitten hat, dass er nicht dabei war. Ich war immer der Meinung, dass meine Eltern – also meine Mutter und mein Stiefvater – das nicht so interessiert hat und ich auch überhaupt nicht gefördert wurde. Ich denke, dass viel mehr Dinge oder Sachen, die ich kann oder will, stärker gefördert wor-

worden wären, wenn mein Vater dabei gewesen wäre. Und daran habe ich heute noch zu knapsen, weil ich es überhaupt nicht annehmen kann, wenn man mir mal was Nettes sagt. Ich habe immer das Gefühl, ich muss arbeiten, arbeiten, arbeiten, kämpfen, kämpfen, kämpfen, um irgendwo Anerkennung zu kriegen. Und ich stehe überhaupt nicht selbstverständlich da und kann „nein" sagen. Weil ich mich dann immer sofort wieder frage: „War das jetzt richtig, soll ich oder nicht?" Ich bin überhaupt Null selbstbewusst, was mich und meine Entscheidungen angeht. Ich bin der Meinung, das liegt daran, dass ich überhaupt keine Stärkung gekriegt habe, die gesagt hat: „Ja Kind, ist alles gut, auch, wenn du jetzt Terror machst, ist alles gut." Das hat gefehlt.

Melanie:

Mir geht es ganz ähnlich. Ich habe ähnliche Gefühle. Weil mir generell die [männliche] Bezugsperson gefehlt hat. Das ist eine Stelle, die mein Stiefvater nie hätte ausfüllen können, auch mein Opa nicht. Also ich fühle mich auch unsicher und labil.

Sascha:

Ich weiß nicht, ob das speziell daher kommt, dass ich mit meinem Vater keinen Kontakt hatte. Vielleicht auch, weil meine Mutter so kontrollierend und vereinnahmend war, dass ich einfach ein bisschen distanzierter bin und nicht unbedingt auf jeden direkt zugehe. Das kann mein Vater teilweise gar nicht verstehen, weil er am liebsten jeden Tag feiern gehen würde. Ich meine, ich kann auch ruhig mal drei Tage feiern, aber ich kann mich genauso gut ein Wochenende lang mit meinen Büchern in meiner Wohnung verkriechen. Und das käme für ihn nicht so in Frage.

Elisabeth Schmidt:

Verstehe ich das richtig, dass du dann sozusagen vorsorglich schon mal den Kontakt vermeidest? Weil du diesen einen Kontakt nicht hattest? Ist das die Parallele? Weil du sagst: „Ich gehe nicht so unbedingt auf die Leute zu."

Sascha:

Das ist halt so, weil meine Mutter selber auch nicht so besonders kontaktfreudig war und versucht hat, uns möglichst viel für sich zu haben und nicht mit anderen zu teilen. Davon ist, glaube ich, noch etwas übrig geblieben. Auch wenn sich schon eine Menge geändert hat.

Elisabeth Schmidt:

Tina beschreibt ein Mangel an Selbstbewusstsein. Melanie, du hast gesagt labil und unsicher. Ist das etwas, was du auch kennst, Sascha?

Sascha:

Ja, ein bisschen vielleicht, so mit dem Selbstbewusstsein. Ja, teilweise schon.

Elisabeth Schmidt:

Wo du auch sagen würdest, das hat da seine Ursache?

Sascha:

Kann sein.

Elisabeth Schmidt:

Jetzt ihr drei, die ihr den Vater wiedergefunden habt: Als dieser Schritt kam, hat dann cinc Entwicklung eingesetzt, durch die sich das dann verändern konnte? War es sozusagen schlimmer als heute, und könnt ihr euch noch entwickeln, oder habt ihr das Gefühl: „Das ist so tief drin in mir, das werde ich in meinem ganzen Leben nicht mehr verändern können."

Tina:

Nein, ich bin der Meinung, ich entwickele mich schon. Ich habe nur manchmal das Gefühl, ich bin einen Entwicklungsschritt zurück. Ich mache das immer an der Musik und an Lebensphasen fest. Ich habe eine Freundin, die ist immer einen Schritt voraus, weil sie aus einem relativ gesunden Haushalt kommt. Sie hat auf jeden Fall beide Elternteile, und ich bin immer einen Schritt hinterher.
Ich bin auch der Meinung, dass dadurch, dass ich meinen Vater wiederhabe, mein Selbstbewusstsein auch nach und nach wiederkommt. Er stärkt mich halt auch. Ich kann ihn immer anrufen, wenn ich ein Problem habe. Das kann ich bei meiner Mutter überhaupt nicht mehr. Er hat eigentlich immer einen klugen Satz parat, und er würde auch sofort kommen, wenn ich sagen würde: „Hilfe, hier ist alles kaputt", das weiß ich halt auch. Und das ist auch ganz gut.
Natürlich kann er nicht all das aufarbeiten, was innerhalb von 20 Jahren nicht da war, das ist logisch. Aber ich habe schon das Gefühl, dass ich mich innerlich anfange einzupendeln. Es wird zwar mit Sicherheit noch ewig lange dauern, aber ich merke an mir selber, dass ich z. B. früher ganz viele Tobsuchtsanfälle hatte und dass sich das jetzt ganz langsam wegreduziert.

Elisabeth Schmidt:

Erlebst du so eine Veränderung auch, Sascha?

Sascha:

Ja, ich denke auch, dass sich da einiges verändert hat, besonders im letzten Jahr. Aber nochmals wegen dem Selbstbewusstsein: Ich glaube, das war bei mir nicht unbedingt die Folge der Entfremdung, sondern auch ein Grund dafür. Ich habe das z. B. bei meiner Schwester gemerkt – die war ja damals wirklich viel zu klein, um das zu verstehen – aber jetzt, nachdem ich wieder Kontakt mit meinem Vater aufgenommen habe und ich ihr ein paar Mal davon vorgeschwärmt und erzählt habe, dass das doch wirklich nicht alles so ist, wie sie dachte, da hat sie gesagt, dass sie ihn dann auch mal besucht. Mutter war natürlich total dagegen, aber jetzt besucht sie ihn trotzdem. Sie ist dann ohne Erlaubnis einfach gegangen. Und das wäre mir wahrscheinlich nie so in den Sinn gekommen, irgendwas gegen die Erlaubnis meiner Mutter zu tun. Ich hätte versucht, sie zu überzeugen. Aber das war, meine ich inzwischen, völlig vergebliches Bemühen.

Melanie:

Es war auch eine Folge davon, dass du [deinem Vater] positiv gegenüber standest. Wenn sie keinen [Bruder] gehabt hätte, der gesagt hätte: „Mach das doch mal, geh zu deinem Vater, versuch es doch mal", dann wäre es anders gewesen. Weil deine Schwester jemanden hat wie dich, ist es einfacher für sie, denke ich mir.

Tina:

Ich glaube auch, das ist dieses Ding, wenn man noch zu Hause wohnt. Du [Sascha] bist ja noch zu Hause gewesen, und du [Melanie] ja auch halbwegs. Ich fand das früher immer ganz furchtbar, irgendetwas gegen meine Mutter zu sagen, weil es sofort Liebesentzug gab. Das war die härteste Strafe. Und das fand ich immer ganz schlimm, denn dann stand ich da und hatte überhaupt keinen mehr. Und es ist schon toll von deiner Schwester, sich da zur Wehr zu setzen und zu sagen: „Das mache ich trotzdem." So ein gesundes Selbstbewusstsein zu haben, das wäre mir nie in den Sinn gekommen.

Jetzt natürlich, wo ich auf eigenen Füßen stehe, kann mir meine Mutter nichts mehr [anhaben]. Ich bin von dieser Abhängigkeit weg, und ich finde die Liebe, die ich brauche, auch viel in Freunden wieder. Diese Bestätigung hole ich mir dann da. Deswegen kann ich jetzt ganz anders vorgehen, als mit 14 oder 15 Jahren, da war ich ja irgendwie an die Wand genagelt. Da konnte ich gerade so damit umgehen, wie du es beschreibst.

Elisabeth Schmidt:

Leanna, wenn du hörst, was Sascha eben über seine Schwester gesagt hat, fällt dir dann etwas zu deiner [Schwester] ein?

Leanna:

Meine Schwester ist so manipuliert, dass ich nichts mehr gegen sie ausrichten kann. Die Gespräche mit ihr am Telefon sind schrecklich. Wir reden eigentlich kaum und wenn, dann nur über die Schule. Oder sie fängt an mit Mama und Papa, dass sie sich streiten. Und wenn ich frage, warum sie nicht kommt sagt sie: „Ich habe keinen Bock." Dann merke ich, meine Schwester macht genau das Gleiche, was ich gemacht habe. Sie kann da nicht glücklich werden.

Elisabeth Schmidt:

Du hast nicht das Gefühl – nachdem was Sascha erzählt, dass er offenbar ein ganz wichtiger Grund für seine Schwester ist, einen Schritt machen zu können – dass du das bei deiner Schwester erreichen kannst?

Leanna:

Nein, das geht nicht mehr.

Elisabeth Schmidt:

Das ist traurig.

Leanna:

Ja, natürlich.

Elisabeth Schmidt:

Immerhin, ihr seid zusammen aufgewachsen.

Ich würde gerne nochmals auf die Frage zurückkommen, ob ihr dadurch, dass ihr den Vater wiedergefunden habt, kompensieren konntet, was ihr als eine Art Defizit empfunden habt. Also, ob ihr es ein bisschen aufbessern konntet. Wenn wir jetzt Melanie hier haben, die ihren Vater ja leider nie sehen durfte, würdet ihr, obwohl sie ihn noch nie gesehen hat, trotzdem sagen: „Guck' ihn dir an!"?

Sascha:

Ja, auf alle Fälle.

Leanna:

Ja.

Tina:

Ja. Sonst ist es ein ewiges Warten. Du machst dir Gedanken, und es kreist und kreist und kreist und wird dich nicht verlassen. Natürlich, du hast eine 50:50-Chance; entweder du triffst jemanden, den du furchtbar findest, oder du triffst jemanden, den du ganz toll findest. Ich finde, dann weiß man es wenigstens. Wenn man ständig in dieser Ungewissheit lebt, das ist nicht gut. Dann lieber alles einmal durchstehen. Das ist hart, das ist schlimm. Wir können alle bestätigen, dass es emotional wirklich anstrengend ist, aber ich würde es machen.

Elisabeth Schmidt:

Du sagst, es ist nicht gut, nicht die Wahrheit zu kennen. Da möchte ich gerne nochmals nachbohren. Was ist nicht gut? Was passiert dann in dir? Nur damit ich bzw. wir das besser verstehen können. Worin äußert sich dieses ‚nicht gut'? Äußert sich das in diesem Mangel an Selbstbewusstsein, den du beschrieben hast oder in Unsicherheit, in Traurigkeit, oder in etwas anderem?

Tina:

„Nicht gut den Vater zu kennen" in Bezug auf was?

Elisabeth Schmidt:

Die Wahrheit zu kennen. Du sagst ja gerade: „Ich kann da jemanden treffen, den ich ganz toll finde, vielleicht finde ich ja auch jemanden, den ich ganz furchtbar finde, aber ich weiß es dann wenigstens." Es nicht zu wissen, sagtest du, ist „nicht gut".

Tina:

Es ist die Ungewissheit an sich. Man baut sich irgendwelche Luftschlösser zurecht oder wie seine [Saschas] Mutter, die erzählt hat, wie übel er [Saschas Vater] so ist. Bis man dann selber herausgefunden hat, dass er gar nicht so ist. Ich denke einfach, selber dahinter zu kommen und sich selber ein Bild zu machen – das ist ungeheuer wichtig. Gerade wenn man frei ist aus der Situation. Wenn sie [Melanie] jetzt frei ist von ihrer Mutter und selber studiert und den nötigen Abstand hat, dann kann sie auch darauf ganz anders zugehen, als wenn sie von der Mutter noch irgendwie beeinflusst wird. Aber ich denke, man sollte es auf jeden Fall tun, wenn man die Möglichkeit hat, es herauszufinden. Weil man es sonst nie erfahren wird und in dieser Ungewissheit lebt, und ich glaube, das ist schlimm.

Elisabeth Schmidt:

Was würdet ihr mit dem Hintergrund, den ihr habt, einem Vater sagen, der keinen Kontakt zu seinem Kind bekommt? Was würdet ihr ihm raten? Würdet ihr ihm raten: „Bleib bloß dran und wenn es noch so schwer ist. Gib bloß nicht nach, sondern lauf mir hinterher, solange es geht, bis du es gepackt hast", oder würdet ihr ihm sagen: „Man, mach halt mal Ruhe und irgendwann geht es schon?" Was meint ihr?

Leanna:

Hinterher bleiben.

Melanie:

Das ist mein größtes Problem, weil ich überhaupt nicht weiß, was er will. Will er mich überhaupt sehen?

Elisabeth Schmidt:

Das heißt, wenn da ein Schritt käme, dann hättest du das erste Signal, dass du wichtig für ihn bist.

Sascha:

Ich habe das gleiche Problem. Ich glaube auch, hinterherlaufen ist besser, wobei ich mir aber nicht ganz sicher bin. Speziell bei mir hat das keinem von uns in der Zeit etwas gebracht.

Elisabeth Schmidt:

Ja.

Sascha:

Andererseits weiß ich aber auch nicht [was passiert wäre], wenn er sich nicht gemeldet hätte, und ich wäre letztes Jahr in dieser Situation gewesen. Ob ich dann überhaupt an ihn gedacht hätte oder ob ich ihn dann ganz vergessen hätte. Ich habe zwar nicht positiv an ihn gedacht, aber wenigstens wusste ich, dass er da war.

Elisabeth Schmidt:

Eben. Und ich überlege, du hast ihm einen fünf Seiten langen Brief geschrieben, hast du eben erzählt Da muss eine Menge drin gestanden haben. Konntest du ihn nicht nur deswegen schreiben, weil da was war vorher?

Sascha:

Ja, ich weiß nicht. Es war eigentlich so ein quasi ganz neuer Brief: „Ich erzähl dir mal ganz kurz wer ich bin und was ich so in letzter Zeit gemacht habe." Ich habe mein letztes Zeugnis beigelegt und ein paar Fotos. Also das war wie ganz neu. Da war jetzt gar nichts, was sich so auf die Jahre vorher großartig bezogen hat.

Elisabeth Schmidt:

Aber hat sich nicht die Idee, es machen zu können, bezogen auf das, was vorher passiert war? Ich stelle mir das jetzt so vor: Ich schicke da einen Brief, den muss er aufmachen und ihn lesen. Ich habe die Erwartungshaltung, dass er das auch tut. Kam die von dem, was da vorher zumindest an Kontaktversuchen da war?

Sascha:

Ja, das schon.

Elisabeth Schmidt:

Das schon.

Sascha:

Ich dachte schon, dass er ihn auf jeden Fall lesen wird. Sonst hätte er sich ja nicht [die ganze Zeit] die Mühe gemacht. Nur wie er darauf reagiert, hatte ich keine Ahnung.

Elisabeth Schmidt:

Ja. Was meinst du Tina? Was würdest du so einem Vater sagen?

Tina:

Ja, das ist schwierig. Klar, dranbleiben. Ich denke schon, dass man nicht aufgeben sollte, zumindest wenn man nicht rankommt an das Kind. Damit man wirklich mitkriegt, wo es jetzt ist, wo es sich aufhält. Während ich jetzt irgendwie entfernt bin und abwarte, was passiert. Weil z. B. in ihrem [Melanies] Fall: Wenn ich jetzt wüsste, sie ist weg von Zuhause, sie studiert irgendwo – viel-

leicht sogar in meiner Heimatstadt – dann besteht die Möglichkeit, einen Schritt auf sie zuzugehen. Ich weiß es natürlich nicht, aber es gibt wohl nicht viele selbstbewusste Kinder zwischen 6 und 18, die sagen: "Ich will jetzt meinen Vater kennen lernen, und ich wehre mich gegen meine Mutter." Und in dem Fall führt es natürlich zu erheblichen Konfliktsituationen, wie bei mir. Ich fand es ganz furchtbar, immer zwischen den Stühlen zu stehen. Da mein Vater ja immer irgendwie präsent war – das vergisst man auf alle Fälle nicht – konnte ich dann später auf ihn zugehen. Ja, er hat es dann auch respektiert und nicht forciert. Man muss den Mittelweg finden.
Man sollte nie sein Kind vergessen. Man sollte immer dranbleiben, und wenn es nicht geht, dann geht es eben nicht. Und Briefe schreiben ist zwar ganz toll, aber wenn die Eltern diese abfangen, dann ist das auch nicht so super. Also spätestens wenn das Kind erwachsen ist sollte man versuchen, irgendwie Kontakt aufzunehmen.

Elisabeth Schmidt:

O. k. Habt ihr auch eine Idee, was von Seiten der Fachleute getan werden könnte? Wir haben auch Fachleute im Publikum, nicht nur betroffene Väter. Das würde mich interessieren. Was meint ihr, worauf müssten Fachleute achten, die mit Eltern zu tun haben, die sich trennen. Mit Familien, in denen es Kinder gibt und richtig Zoff? Wo Fachleute merken, da geraten auch Kinder in die Mühle hinein. Was glaubt ihr, wofür müssen sie sensibilisiert sein? Was hättet ihr euch speziell von einer Jugendamtsanhörung erhofft? Oder du, Sascha, du musstest ja auch Anhörungen bei Gericht erleben. Gäbe es da irgendwelche Forderungen von euch, wo ihr sagt: „Wenn ihr so ein Kind vor euch habt, dann müsst ihr das und das machen, damit das gut geht." Oder fällt euch da gar nichts ein?

Leanna:

Erst einmal das Vertrauen des Kindes gewinnen und dann langsam herausfinden, was für die Mutter gut ist und was für den Vater gut ist. Und dann das Wissen verarbeiten und dem Kind erklären, dass beide Elternteile gut sind, nicht nur einer. Dass man beide Eltern braucht und einem sonst später ein Elternteil fehlt, wie dir [Melanie].

Elisabeth Schmidt:

Du hast am Anfang gesagt: „Die hätten versuchen müssen, mein Vertrauen zu gewinnen." Wie könnte das aussehen? Hast du eine Vorstellung, wie man zu jemanden den Zugang bekommt, wenn der so dermaßen zwischen den Stühlen sitzt?

Leanna:

Ja, erst einmal müsste er etwas von sich erzählen, so wie Sie das mit uns am Telefon gemacht haben.

Elisabeth Schmidt:

Ach ja.

Leanna:

Dann gewinnen sie das Vertrauen auch. Über schöne Dinge reden, was man so macht an Hobbys und so. Damit das Kind Gefallen an dem Menschen findet. Dann erzählt es auch.

Elisabeth Schmidt:

O. k.

Sascha:

Ich weiß nicht, ob es so einfach wäre, Vertrauen zu gewinnen. Speziell bei meiner Mutter, die hatte das Vertrauen für sich gepachtet. Das wäre wahrscheinlich keinem so schnell gelungen.

Elisabeth Schmidt:

Ja, bei dir ist es auch deshalb so interessant – ich erinnere mich gut an unsere Gespräche – weil du einen Satz sagtest, der mir überhaupt nicht mehr aus dem Kopf ging: „Die Manipulation hätte keiner gemerkt. Das hätte kein Jugendamtsmitarbeiter realisieren können und auch kein Richter, dass das, was ich da ausgesprochen habe, auf der Beeinflussung meiner Mutter beruhte."

Sascha:

Eine Möglichkeit wäre vielleicht gewesen, wenn man einfach beschlossen hätte, dass bei einem Gespräch beim Jugendamt oder beim Richter der Vater dabei ist. Ich hätte wahrscheinlich abgelehnt, überhaupt zu so einem Gespräch zu gehen. Ich glaube, so etwas war auch zwischendurch geplant gewesen, aber meine Mutter hat dann bewirkt, dass das nicht stattfindet. Aber vielleicht hätte das etwas gebracht, wenn man mal sieht „der ist gar nicht so, der ist ganz anders".

Elisabeth Schmidt:

Wenn ihr eine eigene Vertretung in so einem Verfahren gehabt hättet – einen sogenannten Anwalt des Kindes – hätte er eine Hilfe sein können? Leute, die dafür ausgebildet sind, Trennungskinder in einem Gerichtsverfahren zu vertreten? Hätten sie vielleicht für euch eine Hilfe oder eine Vertrauensperson sein können, so wie du es gemeint hast, Leanna?

Leanna:
Ich denke schon.

Elisabeth Schmidt:
Ja.

Sascha:
Ich hatte einen Verfahrenspfleger, der hat nicht geholfen.

[Allgemeines Gelächter]

Elisabeth Schmidt:
Ihr habt sehr krasse Verhaltensweisen eurer Mütter, zum Teil eurer Großeltern geschildert, vor allem jedoch der Mütter. Könnt ihr euch vorstellen, dass es helfen würde, Mütter in solchen Konflikten mehr in die Pflicht zu nehmen, und wenn ja, in welcher Form? Du, Sascha, hast ja gesagt, dass du es gut gefunden hättest, wenn einer gesagt hätte: „Der Vater soll bei einer Anhörung dabei sein", auch wenn du dich noch so gewehrt hättest. Könntest du dir so etwas Ähnliches mit deiner Mutter vorstellen? Die Forderung, dass man nicht einfach alles zulassen kann und einen Riegel vorschieben muss. Würdet ihr so etwas gutheißen oder hilfreich finden?

Sascha:
Ja, aber wie?

Elisabeth Schmidt:
Es gibt z. B. die Frage – die wird sehr diskutiert – ob man Mütter, die Kinder entfremden, in eine Therapie zwingen darf. Es ist sehr umstritten, ob man das machen kann. Es gibt ganz vereinzelte Gerichte, die das tun, die meisten lehnen es aber ab, weil sie sagen: „Unfreiwillige Therapie, das ist Geldverschwendung." Wäre das schon mal ein Punkt, wo ihr sagen würdet: „Die Mutter hätte eine Therapie gebraucht, und wenn ihr nur einer mal gesagt hätte, dass sie das machen soll." Wie würdet ihr das sehen? [Leanna nickt.]

Leanna:

Ich bin der Meinung, meine Mutter hätte eine Therapie gebraucht, und sie muss auch in Zukunft noch eine machen.

Tina:

Also ich denke, dass auch meine Mutter eine nötig gehabt hätte. Aber ich weiß nicht, ob sie es so gut gefunden hätte, wenn sie gewusst hätte, dass es um Kind und Vater geht. Und es hätte zu Hause Nachwirkungen gehabt. Es wäre dann wieder auf das Kind projiziert worden im Sinne von „wegen Dir muss ich [in die Therapie]“.

Elisabeth Schmidt:

Ja, das leuchtet mir ein.

Tina

Es [dieses Verhalten der Mutter] ist einerseits nicht gut, es ist aber auch nicht so einfach. Wahrscheinlich wäre es am einfachsten das einfach in eine neutrale Familie zu bringen oder ganz wegzunehmen, damit es wegkommt. Aber das ist nicht Sinn der Übung. Wenn die Mutter oder den Vater, je nach dem wo das Kind dann ist, das Kind dann von morgens früh bis abends dabei hat, und das nicht gerade der Supercharakter ist..., ein bisschen schwierig.

Sascha:

Ich glaube auch, dass meine Mutter dringend eine [Therapie] nötig gehabt hätte, aber ich befürchte, dass es nichts gebracht hätte. Eher hätte sie den Therapeuten in Grund und Boden geredet.

[Allgemeines Gelächter]

Elisabeth Schmidt:

O. k., wir machen jetzt eine Pause.

Pause

Elisabeth Schmidt:

Sie sind [in der Pause] mit einigen Fragen auf uns zu gekommen und ich hoffe, dass ich sie jetzt richtig an euch vorlese. Wenn nicht, bitte ich den jeweiligen Interessenten, der mit einer Frage gekommen ist, mir einfach zu helfen, falls ich die Frage nicht richtig formulieren sollte.

Herr MA, ist betroffener Vater, der gerne von euch wissen möchte, ob ihr in der Zeit, in der ihr in diesem Konflikt gesteckt habt, mit Freunden gesprochen habt. Und wie ist es mit Schule, Bekannten oder Verwandtschaft, aber vor allem Freunden? Wenn ja, ob es geholfen hat? Konntet ihr euch Freunden mitteilen?

Melanie:

Ich konnte das gar nicht, weil viele in meinem Umfeld nicht wussten, dass ich einen richtigen Vater habe und mein Stiefvater nicht mein richtiger Vater ist. Das fing eigentlich erst an, als ich studiert habe. Als mich andere Leute, die mich vorher nicht kannten, die auch meine Familiensituation nicht kannten, auf das Problem ansprachen. Da ist es erst für mich konkret geworden. Ich habe das ja vorher nicht verheimlicht, ich habe es nur nicht gesagt.

Elisabeth Schmidt:

Ist dann bei dir daraus auch irgendwie ein Gespräch entstanden, wo du dann selber erzählt hast?

Melanie:

Ja.

Elisabeth Schmidt:

Und hast du das als hilfreich empfunden?

Melanie:

Ja.

Elisabeth Schmidt:

Wie war das bei euch? Haben Freunde eine Rolle gespielt?

Tina:

Bei mir war er ja präsent. Also ich habe schon mal darüber geredet, aber nicht so intensiv. Ich habe auch hin und wieder mal bei meinen Großeltern nachgefragt, weil es für mich häufig zu emotional war. Bei den Freunden die ich hatte, habe ich es allerdings meistens außen vor gelassen, da es zu familiär war.

Sascha:

Also bei mir haben es die Freunde mitbekommen, weil ich immer irgendeinen Jugendamtstermin hatte, der während der Schulzeit stattfand. Aber denen habe ich dann davon nichts erzählt. Wenn doch, dann nur das, was ich selbst geglaubt hatte, die offizielle Version. Und die Wahrheit, die ist mir ja selber auch erst letztes Jahr gekommen. Da habe ich dann auch Freunde miteinbezogen. Die haben es dann schon mitbekommen.

Elisabeth Schmidt:

Und es war auch gut für dich, dass du sie hattest?

Sascha:

Ja.

Elisabeth Schmidt:

Leanna, wie ist es bei dir? Du hast, wie du im Telefongespräch gesagt hast, ziemlich viele Freunde.

Leanna:

Ja, ich kann mich an eine Situation erinnern, da hat meine Mutter für meine Schwester die Sachen gepackt, weil sie mit Papa irgendetwas [unternehmen sollte], ich weiß nicht mehr was das war... und das hat meiner Mutter nicht gepasst. Da hat sie ihr eine heftig gescheuert, so dass ihre Brille durch das Wohnzimmer geflogen ist und sie hinterher. Ganz genau kann ich mich nicht daran erinnern. Dann hat meine Mutter meiner Schwester die Sachen gepackt, und ich bin heulend zu einer Freundin und habe ihr das erzählt. Und abends, als ich wiederkam, war meine Schwester noch da, und alles war wieder in Ordnung. Erst im Jahre 2003 habe ich mit derselben Freundin wieder darüber gesprochen. Weil ich dann zu meinem Vater als Bestrafung musste.

Elisabeth Schmidt:

Wo es auch so schlimm geworden war mit deiner Mutter, wo es so richtig eskalierte, da hast du auch noch mal Hilfe von Freunden erhalten?

Leanna:

Ja.

Elisabeth Schmidt:

O. k.
Herr MA, ist ihre Frage damit beantwortet? Sie hatten noch eine zweite Frage: Ihr habt beschrieben, dass bei euch vor allem ein Denkprozess einsetzen konnte, als ein Abstand zur Mutter entstanden war. Herr MA würde gerne wissen, ob ihr euch vorstellen könnt, dass der Vater in der Phase, in der ihr ganz in den Konflikt verstrickt gewesen seid, irgend etwas hätte tun können, was diesen Denkprozess früher hätte auslösen können?

Leanna:

Das kommt von allein.

Sascha:

Glaube ich auch.

Elisabeth Schmidt:

Dass heißt auch, dass ihr diese Distanz gebraucht habt, ja?
O. k.

Elisabeth Schmidt:

Herr HC ist betroffener Vater und er hat folgende Frage an euch: Könnt ihr euch vorstellen, dass es gut wäre, wenn ihr als betroffene Kinder oder ehemals betroffene Kinder eine Veranstaltung mit noch völlig verstrickten Kinder machen würdet, in der genau die Dinge besprochen würden, die wir heute besprechen? Also in der ihr sozusagen als Profis den Profis begegnet. Ihr würdet an meiner Stelle hier sitzen und jetzt unmittelbar verstrickte Kinder befragen, und ihr würdet auch die Einladungen verschicken usw. Es würde sozusagen der interne Expertenaustausch werden. Könnt ihr euch vorstellen, dass so etwas für noch verstrickte Kinder eine gute Sache wäre?

Melanie:

Es ist zunächst mal die Frage, ob die noch verstrickten Kinder überhaupt kommen würden, wenn sie noch verstrickt sind. Das glaube ich nämlich nicht.

Elisabeth Schmidt:
Du glaubst nicht, dass die kommen würden?

Melanie:
Da muss erst einmal der Haken drin sein.

Elisabeth Schmidt:
Und sie würden selbst dann nicht kommen, wenn selbst betroffene Kinder einladen würden?

Melanie:
Ich kann es mir nicht vorstellen.

Die anderen:
Wir können es uns schon vorstellen.

Tina:
Ich kann es mir auch vorstellen als gute Alternative zum Jugendamt [allgemeines Gelächter], das ja scheinbar nichts geregelt bekommt. Dann hätte man als Jugendlicher auch eine jugendliche Bezugsperson, die das Gleiche erlebt hat und die weiß, wovon sie redet. Wenn du einem 13-jährigen Mädchen erzählst, was du durchgemacht hast, das ist glaubwürdig. Was wir sagen, kann man glauben, weil wir fast erwachsen sind. Ich denke, es wäre eine ganz tolle Sache. Man sollte es vielleicht anders gestalten, nicht so hoch offiziell, sondern ein bisschen nett verpackt, damit die Kinder auch mal diese Zwischensicht bekommen und nicht nur immer den Blickwinkel von Erwachsenen.

Elisabeth Schmidt:
Wenn ihr jetzt zurück denkt an die Zeit, in der ihr noch selber viel verstrickter wart als ihr das zum Teil heute noch seid: Glaubt ihr, dass ihr selber so einer Situation gewachsen gewesen wärt? Wir lassen jetzt mal die Frage außen vor, ob ihr überhaupt kommen würdet. Würde das einen Anstoß geben und etwas in Bewegung bringen können oder würde man, weil man noch so tief drin ist, sowieso eher zu machen. Wie hättet ihr euch da selber eingeschätzt?

Sascha:
Ich glaube nicht, dass ich unbedingt zu so einer Veranstaltung oder wie auch immer gegangen wäre. Ganz früher sowieso nicht, als ich noch wirklich weit

unten war. Und danach, als ich dann angefangen habe zu überlegen? Ich weiß nicht. Vielleicht hätte ich maximal eine anonymere Form in Anspruch genommen, vielleicht ein Internetforum.

Elisabeth Schmidt:
Ja, o. k.

Tina:
Ich hätte das schon gemacht, aber meine Mutter wäre dagegen gewesen, und die hätte auch alles Mögliche in die Wege geleitet, damit ich da nicht hingehe, denke ich. Und solange man bei der Mutter ist bzw. bei dieser Person ist, da denke ich mal, wird dann auch keiner [zu so einer Veranstaltung] hingehen, weil man sich das dann nicht traut.

Elisabeth Schmidt:
Gut.

Herr HC hat noch eine zweite Frage an euch, und zwar würde er gerne wissen, ob ihr euch vorstellen könnt, was passieren würde, wenn ein Gericht ein Kind dazu zwänge, zum Vater zu gehen. Mit dem Begriff „Zwang" meine ich eine gerichtliche Anordnung, in der es heißt: Das Kind geht jetzt für eine Weile, z. B. für drei Monate, zu seinem Vater und guckt ihn sich an. Wenn das Kind will, kann es auch wieder gehen, aber es soll jetzt zum Vater. Hätte das etwas bei euch gebracht? Ist das ein Lösungsansatz?

Sascha:
Also, bei mir war das so, dass ja öfters Besuchszeiten beschlossen waren. Nur war meine Mutter dann zu diesen Zeiten mit uns weg und hat es verhindert. Und es wäre auch von mir aus nicht die Initiative gekommen, dass irgendwie anders zu machen. Also wenn [ein Richter] dann beschließt: „Drei Monate dahin", da heißt es doch längst nicht, dass das passiert. Ich weiß auch nicht, ob ich das damals so toll gefunden hätte.

Elisabeth Schmidt:
Leanna, du hast auch so gemacht [nein genickt]. Du meinst auch, dass das eher nicht funktioniert hätte?

Leanna:
Nein [das hätte nicht funktioniert].

Elisabeth Schmidt:

Herr JL ist betroffener Vater und er hat an dich, Melanie, eine Frage. Er würde dich gerne fragen, ob du dir vorstellen könntest, diesen Kontakt, der zum Vater noch nicht stattgefunden hat, über eine Kontaktperson zu wählen. Also mit Hilfe eines Dritten? Ob das helfen würde?

Melanie:

Das könnte ich mir vorstellen.

Elisabeth Schmidt:

Müsste es dann diese Kontaktperson sein, die zu dir kommt und sagt: „Du, ich habe ihn jetzt ausgegraben, und ich kann euch jetzt ein Treffen organisieren." Oder könntest du dir vorstellen, dass du die Initiative ergreifst, die Kontaktperson auswählst und sie dann bittest, mit deinem Vater Kontakt aufzunehmen? Was wäre leichter oder angenehmer für dich?

Melanie:

Letzteres wahrscheinlich, dass ich mir die Person aussuche.

Elisabeth Schmidt:

Gut, o. k. Weiter möchte Herr JL von euch allen wissen, was ihr davon halten würdet, so eine Veranstaltung wie heute, für die wir ja einem kleinen Rahmen gewählt haben, publik zu machen. Der Hintergrund der Frage ist, dass man sich das nicht vorstellen kann, was ihr heute erzählt habt. Ganz viele Leute können sich das nicht vorstellen. Würdet ihr es gut finden, wenn man so etwas öffentlich macht, auch über die Medien?

Sascha:

Ich hätte nichts dagegen.

Tina:

Ja, prinzipiell finde ich die Einschaltung der Medien nicht schlecht, obwohl das ja immer so eine Sache ist. Man muss aufpassen, dass es nicht irgendwie zerrissen oder in irgendeine Richtung gelenkt wird. Das hängt immer davon ab, welche Medien man einschaltet und wie man sie steuert. Also nicht irgendwelche Verschwörungstheorien aufstellen, wenn die Öffentlichkeit etwas nicht hören will. Und nicht, dass da von oben gesagt wird: „Du sitzt jetzt hier, aber du darfst das und das nicht sagen", das würde ich nicht gut finden. Ich weiß ja nicht, ob so etwas passieren würde, es ist nur spekulativ, aber ich könnte mir vorstellen, dass es doch manchmal so laufen könnte.

Wenn es aber so läuft wie jetzt hier, wenn das von allen gewollt wird, dann denke ich, dass es eine gute Maßnahme ist.

Melanie:
Solange das nicht so laufen wird, wie bei [der Fernsehsendung] "Vera am Mittag".

[Allgemeines Gelächter]

Elisabeth Schmidt:
Ich glaube, dass hätte Herr JL auch nicht gemeint, nein. Mit Sicherheit nicht, sie hatten sich da auch eine seriösere Geschichte vorgestellt.

Herr JZ, betroffener Vater. Seine Frage geht an euch alle: Habt ihr euch schon einmal Gedanken darüber gemacht, dass nicht die Mutter die Hauptschuld an den Misshandlungen trifft, die ihr erfahren habt, sondern dass es häufig um Familienrichter geht, um die Art wie sie Recht anwenden bzw. Recht nicht anwenden und euch dadurch einen Schaden zufügen? Wisst ihr, dass ihr in diesem Fall berechtigt seid, Schadenersatzforderungen zu stellen oder Schmerzensgeld zu verlangen, und wisst ihr, dass es Urteile gibt, die dazu Mut machen würden?

Melanie:
Es war mir nicht bekannt, dass es da Schadenersatzersatzansprüche gibt. Prinzipiell finde ich schon, dass etwas Wahres dran ist, denn gerade in meinem Fall, wo das Jugendamt dachte, weil so lange Geld gezahlt worden ist, ist alles in Ordnung, hätte ich mir gewünscht, dass da jemand gewesen wäre, der nachgefragt oder gebohrt hätte oder für mich eingetreten wäre. Denn in meinem Fall war ja nur wichtig: Das Geld ist da, also ist alles in Ordnung. Das ist nicht Sinn der Sache. Es ist nicht das Erziehungsberechtigtenamt, sondern das Jugendamt.

Sascha:
Ich erinnere mich zumindest an einen Richter, der es wenigstens versucht hat. Er hat auch ein Umgangsrecht beschlossen, von daher trifft ihn keine Schuld.

Elisabeth Schmidt:

Um selber die Frage zu ergänzen: Würdet ihr überhaupt Schuldzuweisungen machen wollen? Ihr habt ja wirklich krasse Verhaltensweisen der Mütter beschrieben. Zieht ihr daraus noch Konsequenzen und sagt: „Meine Mutter ist schuld“, oder tut ihr das gar nicht.

Sascha:

Ich schon.

Tina:

Ich gebe beiden Elternteilen die Schuld, es ist ja aus zwei Menschen entstanden, und sie sind beide verantwortlich. Auch wenn die Mutter in dem Fall am längeren Hebel sitzt, für mich trägt sie auf jeden Fall eine gewisse Schuld.

Elisabeth Schmidt:

Aber du würdest sagen, das kommt von beiden, diese Situation.

Tina:

Ja, sie haben sich ja irgendwann nicht mehr verstanden und die Situation ist dann so eskaliert, dass sie nicht mehr miteinander reden konnten. Ich finde es schon irgendwie bedenklich, dass man sich nicht einigen kann: „Du hast das Kind am Wochenende oder drei Wochen lang oder in den Ferien“, oder wie auch immer. Dass es geht, sehe ich ja. Denn ich habe Freunde, wo die Eltern miteinander klarkommen und trotzdem getrennt leben. Es geht ja. Das finde ich so [schlimm], dass man da nicht irgendwie eine Einigung gefunden hat.

Herr JZ:

Dafür sind ja die Richter da. Sie sollen sagen, und sie sollen steuern.

Melanie:

Das bringt aber nichts.

Herr JZ:

Dass die sagen: „So geht es.“?

Tina:

Ja, aber wenn die beiden Partner schon so aufeinander losgehen.

Herr JZ:

Das hat aber nichts damit zu tun. Man kann dann immer sagen: „Der hat dann Umgang und der andere dann."

Tina:

Ja klar, aber das Kind steht ja trotzdem dazwischen. Wenn eine Mutter sagt, so wie Saschas Mutter: „Dein Vater ist böse", und dies und das und jenes, dann sage ich doch nicht: „Nein, ich gehe am Wochenende zu Papa, weil es da ganz toll ist." Das ist es, was wir meinen, dass es von uns heraus kommt. Wenn die Mutter aber sagt: „O. k., du bist am Wochenende bei deinem Vater, und du bist in der Woche bei mir", oder umgekehrt und nicht ständig gegen diesen Vater rebelliert, dann kann man sich darauf einlassen und sagen: „O. k., ich habe ein gesundes Verhältnis zu beiden Elternteilen, und meine Mutter macht mir nicht die Hölle heiß, wenn ich nach Hause komme und sage, ich hatte ein schönes Wochenende mit Papa." Dann nützt auch kein Gericht mehr, weil wir dann wieder das gleiche Problem haben.

Elisabeth Schmidt:

PC ist betroffener Vater. Herr PC möchte auch von euch allen wissen, inwieweit die Ereignisse, die ihr beschrieben habt, eure Fähigkeit, Bindungen bzw. Beziehungen einzugehen, beeinflusst haben und ob ihr dazu etwas sagen könnt.

Leanna:

Ich habe beschlossen nie zu heiraten.

[Allgemeines Gelächter]

Tina:

Ich glaube, ich habe da auch meine Schwierigkeiten, weil die Vaterfigur gefehlt hat und ich mir auch oft Männer gesucht habe, die seinem Ideal entsprechen. Zu dem Entschluss nicht zu heiraten, bin ich auch irgendwann gekommen, obwohl ich das früher immer wollte. Aber mittlerweile denke ich, dass das nichts mit der Scheidung meiner Eltern zu tun hat. Aber ich habe auch erhebliche Schwierigkeiten, was Beziehungen und Gefühle angeht.

Elisabeth Schmidt:

Wärst du bereit, ein bisschen näher zu erklären, was diese Schwierigkeiten ausmacht oder würdest du hier lieber eine Grenze ziehen und sagen: „Das erzähle ich jetzt nicht."

Tina:

Nein, ich kann das erzählen, aber ich weiß nicht, ob ich es in Worte fassen kann. Also, ich glaube, es ist so, dass ich von meinem Partner eine überdurchschnittliche Bestätigung brauche. Es reicht mir nicht, wenn er sagt: „Du bist lieb, du bist nett, du bist toll", sondern ich brauche das jeden Tag zu 190 %. Dass ist tot-anstrengend für den anderen Partner. Ich weiß nicht, ob es daher kommt, dass mir dieser männliche Part gefehlt hat, und ich jetzt versuche, das zu kompensieren. Deswegen scheitern meine Beziehungen. Meistens verlassen die Männer mich, weil sie das nicht bringen und ich mich dann nicht mehr geliebt fühle und sage: „Nein, du willst mich ja gar nicht", obwohl das vielleicht überhaupt nicht stimmt. Es ist dann total übertrieben reagiert von mir, aber das ist die Folge.

Elisabeth Schmidt:

Das war sehr genau gesagt.

Elisabeth Schmidt:

Sascha, fällt dir dazu etwas ein?

Sascha:

Ich hatte ja schon gesagt, dass ich etwas weniger kontaktfreudig und eher distanziert bin. Und was sie gerade meinte, dass sie ständig Bestätigung braucht, das könnte ich irgendwie gar nicht so. Jemanden ständig bestätigen.

Elisabeth Schmidt:

Ach so, umgekehrt könntest du es nicht. Gibt es denn so ein Bedürfnis nach Bestätigung wie bei ihr? Dass du ganz toll bist und super bist und das zu 190 %?

Sascha:

Nein.

Elisabeth Schmidt:

Das geht dir nicht so? Aber umgekehrt könntest du es nicht leisten? Könntest du es umgekehrt leisten, Tina?

Tina:

Ja.

Elisabeth Schmidt:

Das schon.

Tina:

Das geht wunderbar. Also, ich gebe auch viel, und ich bin sehr offen. Im Gegensatz zu dir [Sascha] bin ich sehr offen und rede immer ganz viel, ich bin auch ganz gut dabei. Aber ich erwarte dann auch, dass das Gleiche zurückkommt. Und wenn das dann nicht kommt, dann zerbreche ich irgendwie.

Elisabeth Schmidt:

Wir haben eine Großmutter hier, Frau K. Frau K. hat an dich, Sascha, eine Frage, und zwar in Bezug darauf, dass dein Name durch deine Mutter geändert worden ist. Frau K. würde gerne von dir wissen, wie alt du da gewesen bist, wie du das verkraftet hast und was das für dich bedeutet hat.

Sascha:

Das war so: Früher hatte sich die ganze Familie „K.-S." genannt, also ein Doppelname aus den beiden Namen. Offiziell hatte ich nur den Namen meines Vaters, aber überall, auch auf Zeugnissen, stand der Doppelname. Irgendwann einmal hat mein Vater der Schule gesagt, dass das nicht der korrekte Name ist. Das ist eine der wenigen Sachen, wo ich denke, da hat er was falsch gemacht. Weil dadurch meine Mutter erst auf die Idee gekommen ist, es ganz zu ändern, so dass ich nur noch ihren Mädchennamen trage. Sie hat mich irgendwann davon überzeugt, dass das gut so ist.

Elisabeth Schmidt:

Wie alt warst du da?

Sascha:

Ich überlege gerade, es muss so 5. bis 6. Klasse gewesen sein.

Elisabeth Schmidt:

Du glaubst also, 5. bis 6. Klasse. Und wie hast du das erlebt? Was hat das für dich bedeutet? War es schwierig?

Sascha:

Es wurde zu Hause als fröhliches Ereignis gestaltet. Nur inzwischen, wo ich so gar nichts mehr mit meiner Mutter zu tun habe und nur noch mit meinem Vater, da überlege ich schon öfters mal, ob ich den Namen nicht wieder ändern sollte. Zwei Sachen halten mich aber davon ab. Erstens die ganze Arbeit, die damit verbunden wäre und zweitens die tausend Leute, die sich dann wundern würden und denen man es erklären müsste. Auch die Tatsache, dass meine Schwester dann mit Nachnamen anders heißen würde als ich.

Elisabeth Schmidt:

Ja. Das ist natürlich auch ein Punkt.

Melanie:

Wenn ich hier mal kurz einhaken darf. Also, ich trage den Namen meiner Mutter, die hat ja geheiratet, als ich 9 Jahre alt war. Ich bin damals gefragt worden, ob ich anders heißen möchte. Ich wurde also indirekt gefragt, ob ich adoptiert werden möchte. Ich habe das damals abgelehnt, und ich bin heute sehr froh darüber. Ich habe zwar immer durch den Namen außerhalb der Familie gestanden, aber ich wollte nie so heißen, wie mein Stiefvater. Das hat mich zwar rausgedrückt [aus der Familie], aber ich war trotzdem froh, meinen Namen zu behalten. Es war zwar nicht der Name meines Vaters, sondern der meiner Mutter, aber es war trotzdem für mich wichtig, nicht so wie mein Stiefvater zu heißen.

Elisabeth Schmidt:

Da hast du dir ein Stück Identität bewahrt.

Melanie:

Ja.

Elisabeth Schmidt:

Neun Jahre warst du da, da hast du es gespürt.

Melanie:

Ja, unbewusst. Ich wollte immer meinen Namen behalten, ich wollte mich nicht ändern.

Elisabeth Schmidt:

Und heute bist du froh drüber.

Melanie:

Ja.

Elisabeth Schmidt:

Schön.
Frau K. würde gern von euch allen wissen – soweit das in eure Biographie passt – ob im Zuge dieser Entfremdung, die ihr erlebt habt, auch Kontakte zu den Großeltern abgebrochen wurden. Und wenn ja, wie es empfunden wurde.

Sascha:

Der gesamte väterliche Teil der Familie war weg, war alles mit getrennt. Also auch die Großeltern. Besonders traurig ist, dass mein Großvater in der Zwischenzeit gestorben ist. Ich habe ihn nie wieder gesehen.

Elisabeth Schmidt:

Bevor das passiert ist, haben sie eine Rolle in deinem Leben gespielt? Waren das wichtige Leute für dich, die Großeltern?

Sascha:

Tja, ich weiß es gar nicht. Es ist ja so: „Früher" durfte nicht sein. Andere Welt. Aber das, woran ich mich inzwischen erinnere – nicht irgendwie Gefühle, aber so einzelne Situationen – das waren eigentlich glückliche Momente.

Elisabeth Schmidt:

Und als du erfahren hast, dass dein Großvater gestorben ist, wie war das für dich? Wie lange hattest du ihn da schon nicht mehr gesehen, als du das erfahren hast?

Sascha:

Vielleicht 7 Jahre oder so, also da hat mich das alles noch gar nicht so bewegt. Es war auch nur eine Bemerkung meiner Mutter so nebenbei. Ich wusste auch gar nicht, woher sie das wusste. Aber vielleicht war das auch wieder ein abgefangener Brief oder so. Es hat ja auch kein anderer darüber gesprochen, es war kein wirkliches Ereignis. Erst jetzt, wo ich auch meinen Vater und meine Oma wiedergesehen habe, da habe ich gemerkt, da fehlt jemand. Meine Oma wohnt auch noch in der gleichen Wohnung, und die ist jetzt irgendwie ein bisschen näher.

Leanna:
Bei mir war das so: Ich habe auch den Kontakt mit meiner väterlichen Oma und dem Opa verloren und mit meiner Tante. Meine Schwester war trotzdem immer zu Besuch, obwohl ich nicht [zu den Großeltern] gegangen bin. Da hat sie mir mal einen Brief mitgebracht, der soll von meiner Tante gewesen sein. Aber den habe ich dann zunächst ein halbes Jahr beiseite gelegt, und irgendwann habe ich angefangen ihn zu lesen. Und da habe ich darüber nachgedacht. Ich würde dazu raten, einen Brief zu schreiben.

Elisabeth Schmidt:
Ja?

Leanna:
Weil das was bringt. Ich weiß auch nicht warum, aber es hat was gebracht. Und Sie hat mir gezeigt, wie sehr sie mich alle vermissen. Den Brief habe ich versteckt, meine Mutter hat ihn aber gefunden. Da habe ich damals gesagt, ich hätte ihn ihr auch zeigen wollen.

Elisabeth Schmidt:
Du würdest also auch Großeltern oder Tanten und Onkeln, die verschwinden müssen, den Rat geben, dass sie dran bleiben sollen. Frau K., das beantwortet ja fast ihre nächste Frage, denn die lautet: „Was meint ihr, was Großeltern tun können, um den Teufelskreis, in dem sich beeinflusste Kinder befinden, durchbrechen zu können?“ Das wäre eines, was sie tun könnten, nämlich Briefe schreiben. Habt ihr eine andere Idee, was das sein könnte?

Sascha:
Meine Großeltern hatten es ja versucht, auch meine Patentante. Aber die wurden von meiner Mutter nicht als eigenständige Personen betrachtet, sondern nur als Anhängsel vom Vater.

Elisabeth Schmidt:

Ach ja, und damit bezogen sie auch dieselbe Bewertung wie der Vater.

Nun kommen wir zu Herrn P. Herr P. ist Rechtsanwalt und auch betroffener Vater. Er hat mehrere Fragen an euch alle. Die erste Frage lautet: „Könnt ihr euch nach den Erlebnissen eurer Kindheit vorstellen, selbst Kinder zu haben und wünscht ihr euch das?“

Melanie:

Ja.

Leanna:

Ein klares Ja.

Sascha:

Ja, ich auch.

Tina:

Nein.

Elisabeth Schmidt:

Sascha sagt, ja.

Sascha:

Ja, doch.

Elisabeth Schmidt:

Und du, Leanna? Nicht heiraten, aber Kinder haben?

[Allgemeines Gelächter]

Elisabeth Schmidt:

Die zweite Frage lautet: „Unterstellt, ihr habt Kinder, und der andere Elternteil liebt die Kinder genauso wie ihr, aber eine Einigung von euch als Eltern ist nicht möglich. Was fordert ihr für eure Kinder, die in diesem Konflikt stecken, von Gerichten und Jugendämtern? Meint ihr, wenn dass, was ihr fordert, euch selbst während eurer Kindheit zugute gekommen wäre, dass es euch dann besser gegangen wäre?“

Leanna, hast du die Frage verstanden? Ja? O. k. Es ist ein bisschen kompliziert. Stellt euch vor, dass ihr jetzt selber Kinder habt mit einem Partner, und es treten Konflikte auf und ihr könnt euch nicht einigen mit ihm. Was würdet ihr von Jugendämtern und Gerichten für eure Kindern fordern, und wenn es das gäbe, hätte es euch selbst als betroffenen Kinder geholfen?

Tina:

Habe ich das Kind oder der Partner?

Herrn P.:

Das ist egal, beide haben zunächst das Kind und der Streit ist da. Es gibt ja nicht das Kind bei dem einen oder bei dem anderen, sondern sie haben beide ein Kind.

Tina:

Sind wir schon in der getrennten Situation oder nicht?

Herr P.:

Ja, sie können sich nicht einigen und es ist soweit. Was verlangen sie dann von Gerichten und Jugendämtern – die sind ja für diesen Fall da – was verlangen sie von denen, und würden sie meinen, dass das, was sie verlangen, Ihnen auch gefehlt hat damals?

Tina:

Ich habe überhaupt keine Erfahrungen mit Jugendämtern gemacht, deswegen [frage ich nach].

Herr P.:

Keine guten.

Tina:

Gar keine, ich habe mit diesen nie zu tun gehabt, deswegen bin ich vielleicht die falsche Person.

Sascha:

Ja, das ist genau das Entscheidende: Nicht erst rennen und dann entscheiden, sondern vorher gezwungen werden, das zu regeln.

Elisabeth Schmidt:
Ein Vorkindesvertrag anstatt eines Ehevertrags?

Elisabeth Schmidt:
Hast du eine Idee, Leanna?

Leanna:
Nein.

Elisabeth Schmidt:
Und du, Melanie?

Melanie:
Vielleicht sollte es so etwas wie ein generelles Sorgerecht geben, also dass man die Parteien zwingt, miteinander zu reden und sich mit dem Problem auseinander zu setzen. Man sollte nicht sagen: „Die Mutter ist der bessere Part, und deshalb geht das Kind automatisch zur Mutter." Man braucht ein gemeinsames Sorgerecht und die Eltern müssen zusammen damit klarkommen. Und dann muss durchgegriffen werden, wenn es mal nicht funktioniert. Ich denke auch, dass am Anfang zu viele Fehler gemacht werden. In der ersten Trennungszeit, da muss eingehakt werden, da muss gleich was gemacht werden. Wenn bis dahin nichts funktioniert, dann funktioniert gar nichts mehr.

Tina:
Vielleicht sollte man dann auch mit den Eltern reden, weil ja auch viele sich aus Stolz oder gebrochenem Herzen darin verstricken, so dass sie überhaupt nicht mehr daran denken können, was wichtig für das Kind ist. Dass vielleicht in dem Moment Therapeuten eingreifen, die mithelfen und mitbetreuen. Damit die [Eltern] mal ihren Ärger los werden und selber einsehen, dass es so, wie sie es gerade sehen, vielleicht gar nicht richtig ist. Man redet sich ja auch schnell Dinge ein, um Konflikte zu lösen.

Elisabeth Schmidt:
Das, was ihr jetzt an Antwortet gebt, das ist für alle hochinteressant, weil im Grunde die Voraussetzungen für eure Forderungen bereits da sind. Eigentlich gibt es die Gesetze dafür, um das, was ihr vorschlagt, durchzuführen. Aber es findet halt zu wenig statt zur Zeit. Da versagen leider viele Jugendämter noch und auch viele Gerichte.

Herr P. hat eine dritte Frage: „Wisst ihr, dass das Gesetz in der Bundesrepublik vorschreibt, dass Eltern das Verhältnis des Kindes zum anderen Elternteil nicht beeinträchtigen dürfen und dass sie sich im Falle einer Zuwiderhandlung gegen diese Regel schadenersatzpflichtig machen? Wisst ihr, dass der Europäische Gerichtshof für Menschenrechte in Straßburg die Bundesrepublik seit Jahren deswegen zum Schadenersatz verurteilt mit Beträgen von 15.000 bis 25.000 €, weil Familienrichter meistens Vätern und Kindern den Umgang wegnehmen?" Er möchte wissen, ob ihr ein Wissen um diese Situation habt?

Melanie:

Das Wissen habe ich, aber erst seitdem ich mich mit dem Problem beschäftigt habe. Also, vorher war mir das nicht bekannt. Erst seit ich selbst realisiert habe, dass ich betroffen bin, weiß ich es.

Sascha:

Ich wusste das schon, aber die Sache ist ja die: Man kann es nicht so einfach nachweisen. Nicht so, wie bei den Richtern, die eine falsche Entscheidung gemacht haben. Aber einer Mutter nachzuweisen, dass sie den Umgang verhindert hat... – wenn sie es nicht schriftlich gemacht hat, dann hat man ein Problem.

Elisabeth Schmidt:

Dann hat man ein Problem. Leanna, war dir irgend etwas bekannt in dieser Richtung?

Leanna:

Nein.

Elisabeth Schmidt:

Gut. Herr P. hat eine letzte Frage. „Könnt ihr euch vorstellen, oder würdet ihr es anderen Kindern raten, den Staat wegen des Unrechts, das ihr erfahren habt, auf Schadenersatz zu verklagen? Könntet ihr euch vorstellen, dass solche Schadenprozesse dazu führen könnten, dass es in Zukunft Kindern und Kindeskindern besser geht, unabhängig davon, ob es sich um eheliche oder nichteheliche Kinder handelt? Könnt ihr euch vorstellen, dass das ein Bewusstein in der Gesellschaft in der Weise verändern kann, dass es späteren Generationen besser geht?"

Tina:

Den Staat verklagen, ich müsste doch dann meine Mutter verklagen? Oder?

Elisabeth Schmidt:

Nein, was Herr P. meint, ist den Staat zu verklagen, weil die Gerichte Fehler machen bei den Entscheidungen.

Tina:

Ach so.

Elisabeth Schmidt:

Ob ihr euch vorstellen könntet, dass über diese Schiene eine Bewusstseinsveränderung in der Weise herbeigeführt werden kann, dass es späteren Kindergenerationen besser geht.

Sascha:

Ich glaube es müssten ziemlich viele Schadenersatzprozesse sein, bevor das im Staatshaushalt auffällt.

[Allgemeines Gelächter]

Sascha:

Bevor das zu irgendwelchen Reaktionen führt. Ich glaube, dass es den Staat nicht besonders interessiert, wenn da ein oder zwei Schadenersatzprozesse geführt werden. Da müssen schon Milliarden fehlen, bevor irgend jemand etwas merkt.

Elisabeth Schmidt:

Herr P. meint wahrscheinlich, dass es in der Öffentlichkeit bekannt wird. Also auch in Familien bekannt wird, bei betroffenen Kindern, bei betroffenen Eltern.

Sascha:

Es ist ja nicht so, als ob man das nicht mitbekommt. Das Thema kommt ja schon gelegentlich in den Medien vor. Es wird nur nicht so großartig wahrgenommen. Ich weiß nicht, wie man es erzwingen will, dass das mehr von der Gesellschaft wahrgenommen wird.

Tina:

Ich überlege gerade die Frage. Für mich ist das alles neu, und ich denke gerade darüber nach, ob es überhaupt einen Sinn macht.

Elisabeth Schmidt:

Herr AM hat noch eine Frage: In vielen Fällen taucht ein Stiefvater auf. Es ist manchmal ein kleiner aber sehr wichtiger Punkt, dass dieser auch als Papa angesprochen wird und deshalb der eigentliche wirkliche Vater außen vor ist. War es bei euch so, dass der Papa zwar der böse Papa war, aber er blieb eigentlich Papa und der Stiefvater war der Hans, Peter oder so? Habt ihr da eine Grenze gespürt? Es hängt ja auch damit zusammen: Kann ich noch Papa sagen zu meinem Vater, oder wird das jetzt umgedreht, so dass der Stiefpapa jetzt der Papa sein soll und als solcher auch so angesprochen werden muss?

Leanna:

Früher, ganz am Anfang, da habe ich den Michi, also meinen Stiefvater, „Papa" nennen wollen. Ich habe das auch manchmal verdreht. Wenn ich dann meinen Vater besucht habe, habe ich aus Versehen „Michi" zu ihm gesagt oder so. Es gab dann einen Wortwechsel, aber es berührt einen schon, wenn da noch jemand anders ist. Aber eigentlich bleibt der Papa immer Papa.

Melanie:

Ich wurde mehr und weniger dazu gezwungen, zu meinem Stiefvater Papa zu sagen. Vor allem von meinen Großeltern. Sie hatten endlich ihr Ziel erreicht, und das, was sie wollten, nämlich eine verheiratete Mutter, die ihrem Enkelkind einen Vater präsentiert. Ich wurde mehr oder weniger dazu getrieben: „Sag doch Papa zu ihm." Ich habe das dann auch gemacht. Eine ziemliche Zeit lang, aber für mich war das trotzdem nicht mein Vater, er war mein Stiefvater. Es ist ja auch anders bei mir, weil ich meinen Vater nie kennen gelernt habe, ich hatte in der Hinsicht also keinen Vater, den ich Vater nennen konnte.

Elisabeth Schmidt:

Und wie war das, wenn du das machen musstest?

Melanie:

Ich habe mich daran gewöhnt, sage ich mal. Es war komisch am Anfang, sehr komisch. Aber irgendwann habe ich mich daran gewöhnt.

Sascha:

Ich hatte ja keinen Stiefvater, und ich glaube auch nicht, dass meine Mutter uns mit irgendjemanden hätte teilen wollen. Aber als ich ihn wiedergetroffen habe, musste ich mich erst wieder daran gewöhnen, dass ich zu ihm Papa sage. Weil

Papa kein erwünschtes Wort zu Hause gewesen war. Es hat dann auch ein bisschen gedauert.

Tina:

Ich musste zu meinem Stiefvater – Gott sei Dank – nicht Papa sagen, dagegen hätte ich mich, glaube ich, auch entschieden gewehrt. Weil ich ihn nicht mochte. Zu meinem Vater sage ich heute auch noch immer B. Ich kann auch nicht Papa sagen. Ich weiß nicht, ob es sich ändert, aber ich sage Väterchen, das ist schon die große Annäherung. Da bin ich auch ganz stolz auf mich. Aber so richtig „Papa" gibt es für mich nicht. Also das Wort existiert nicht. Ich nenne Leute beim Vornamen, meine Mutter ist die einzige, die ich Mama nenne. Auch meine Großeltern [die Nachbarn] nenne ich nur beim Vornamen, die ich über alles liebe. Es ist halt so, Papa gibt es nicht.

Herr X:

Ich bin in der Doppelrolle hier, zum einen als betroffener Vater, dem man seine Kinder jahrelang geklaut hat und der sie jetzt wiederbekommen hat, und auch als Pädagoge. Ich sage dieses auch ganz bewusst, damit ich mich von manchen Lehrern unterscheide.
Ich habe ganz viele Erfahrungen mit Schülern im jugendlichen und erwachsenen Alter, die über solche Themen sprechen. Und da will ich euch einfach danke sagen und Mut machen. Der Erste denkt: „Ich bin alleine, ich bin sonderbar", und sonst was, aber wenn der Zweite was sagt, dann stellt man plötzlich fest, dass wir in der Mehrheit sind oder zumindest, dass es viele sind und dass man sich untereinander austauschen muss. Was eben angeklungen ist, macht anderen Mut dadurch, dass ihr davon redet, denn unter dem Strich hilft man sich selbst damit.

Ich erzähle immer gern das Beispiel von der 17-jährigen Sonderschülerin – und dieses sage ich auch ganz bewusst – die irgendwann nach dem Unterricht gesagt hat: „Am Wochenende habe ich meinen Vater kennen gelernt, weil sie mich dazu angestoßen haben." Ich kann mir nur wünschen, dass es an vielen Stellen passiert. Ich habe mich eben dazu angeregt gefühlt, als die Frage kam: „Könnt ihr euch vorstellen, in der Gruppe so etwas zu sagen?" Ich denke, wie Leanna eben gesagt hat, das wäre der vertraute Raum. Mit jemandem Vertrauten reden, in der Gruppe, in der Schule, im Jugendclub. Nicht nur in der Familie, wo immer Betroffene oder Parteien dabei sind, dass wäre etwas ganz Wichtiges.
Ich weiß auch von Erwachsenen, die solche Probleme über Jahre und Jahrzehnte mit sich herumschleppen. Es tut in den meisten Fällen gut, über solche Sachen zu reden. Auch wenn dabei die eine oder andere Träne fließt und wenn

man Magenschmerzen dabei hat. Aber langfristig ist es für sich und andere eine ganz wichtige Sache, und ich bin total begeistert, was hier abgegangen ist. Dank euch und ihnen beiden.

Allard Mees:

Ich möchte mich, auch im Namen vom Väteraufbruch, zuallererst bei euch, den betroffenen Kindern, ganz herzlich bedanken für die tiefe Arbeit, die ihr hier geleistet habt. Vielleicht gibt es irgendwann nicht nur einen „Väteraufbruch", sondern auch einen „Kinderaufbruch". Auch an Elisabeth Schmidt ein herzliches „Danke" für ihr Engagement. Für alle gilt, dass ihr hier auch untereinander etwas voneinander gelernt habt.
Gleichzeitig möchte ich allen Interessenten danken.

Schlussfolgerungen

Allgemeines

- Die Erinnerungen der Kinder stimmen zum Teil nicht mit dem objektiven Geschehen überein. Zum Teil bleibt das Objektive auch völlig unbekannt (S. 15; 24; 25 Tina; 30 Melanie).

- Die betroffenen Kinder haben keine Kenntnis von Rechtsbegriffen, von der Rechtslage von Kindern oder von Verfahrensmöglichkeiten (S. 52 Melanie; 63 Melanie, Sascha).

- Eltern sollen, um ihre Konflikte von den Kindern fernzuhalten, mehr in die Pflicht genommen werden. Fachleute sollen mit ihnen reden, und sie sollen miteinander reden (S. 53; 54 Tina; 62 Melanie).

Gefühle während der Trennung vom Vater

- Zu den frühesten Kindheitserinnerungen im Zusammenhang mit dem Umgang der Mutter mit dem nicht existenten Vater gehören Erschrecken, Angst, Trauer, Verunsicherung, Sehnsucht (S. 11 Tina; 12; 13 Melanie; 14; 15 Sascha).

- Der abwesende Vater wird von einem Teil der Kinder idealisiert, und die Idealisierung hilft dabei, negative Äußerungen der betreuenden Bezugsperson über den Vater innerlich abzuwehren oder zumindest instinktiv in Frage zu stellen (S. 11; 12 Tina, Melanie).

- Selbst, wenn die Trennung der Eltern vor der Geburt des Kindes erfolgte und nie ein Kontakt zum Vater bestand, besteht ein Gefühl dafür, dass „jemand fehlt" (S. 12 Melanie).

- Selbst, wenn es einen Stiefvater gibt, der auch als Vater angesprochen werden soll, bleibt ein Gefühl dafür, dass er nicht der richtige Vater ist (S. 65 Melanie, Leanna; 66 Tina).

- Die Mutter wird als aktiv und zielstrebig bei der Abwertung des Vaters erinnert (S. 14; 15; 16 Tina; 25; 26 Sascha).

- Die eigene aktive ablehnende Haltung gegenüber dem Vater als Kind wird als Folge der Ablehnung des Vaters durch die Mutter erinnert (S. 14; 15; 25; 26 Sascha; 30 Melanie).

- Das Lob der Mutter für die aktive Ablehnung des Vaters verhindert das Aufkommen negativer Gefühle. Allenfalls entsteht das Gefühl, etwas nicht Richtiges zu tun (S. 15 Sascha; 16 Tina).

- Die Ungewissheit darüber, wer der Vater ist, wird als belastend erlebt (S. 30; 31; 32 Leanna; 33 Sascha; 39 Tina; 40 Melanie).

- Die Unwissenheit darüber, ob der Vater Versuche unternommen hat, den Kontakt herzustellen, wird als belastend erlebt (S. 30; 40 Melanie).

- Neben dem Vater selbst wird auch seine Familie als ausgegrenzt erinnert (S. 25 Sascha).

Gefühle nach der Trennung vom Vater

- Mit räumlichem Abstand von der Mutter entsteht schnell die Sehnsucht und die Neugier nach dem Vater sowie Gefühle des schlechten Gewissens ihm gegenüber (S. 16 Tina; 19 Melanie).

- Eine hohe Emotionalität des Vaters wird als überfordernd und zu nah erlebt (S. 23; 24 Tina).

- Die Fähigkeit des Vaters, während der Ausgrenzung den Weg der passiven Präsenz zu gehen, wird als wichtige Voraussetzung dafür erinnert, auf den Vater zugehen zu können (S. 40; 41; 42 Tina; 48 Leanna; 50 Sascha).

- Es besteht der Wunsch, zu dem Konflikt zwischen den Eltern nicht Stellung nehmen zu müssen (S. 24; 25 Tina).

- Der Kontakt zum Vater löst schlechtes Gewissen gegenüber der Mutter aus. Gegenüber dem Vater selbst wird er als entlastend erlebt (S. 17 Tina).

- Die Gefühle gegenüber der Mutter nach der Rückkehr des Vaters werden sehr unterschiedlich beschrieben, je nachdem, wie der Konflikt verlaufen ist. Je aktiver die Mutter den Vater abgewertet und ausgegrenzt hat, desto stärker wird sie von dem Kind nach einer positiven Wiederbegegnung mit dem Vater abgelehnt (S. 17 Tina; 18 Sascha; 19 Melanie).

- Die Mütter scheinen dem klassischen Typ der „mütterlichen Mütter“ nicht zu entsprechen und es sind Tendenzen erkennbar, entweder die Kinder von Dritten (Großeltern, Nachbarn) erziehen zu lassen oder ganz für sich zu vereinnahmen (S. 19 Melanie; 20; 22 Leanna; 29 Tina).

- Ein sicheres Gefühl dafür, was man der Mutter während der Abwesenheit des Vaters bedeutet hat, besteht nicht (S. 18 Sascha; 19 Melanie; 20 Tina; 21; 22 Leanna).

- Bei Müttern, welche von den Kindern als stark den Vater ablehnend erlebt wurden, herrscht nach der Wiederbegegnung mit dem Vater das Gefühl vor, der Mutter zur Befriedigung ihrer Bedürfnisse gedient zu haben (S. 18; 20; 21; 27 Leanna; 28 Sascha).

- Es besteht teilweise und auch nach der Kontaktaufnahme mit dem Vater das Gefühl, die Mutter beschützen und ihr helfen zu müssen (S. 17; 28; 30 Tina, Melanie).

- Wenn der Vater wiedergefunden wurde, besteht das Bewusstsein, ihm viel zu bedeuten (S. 23; 27 Leanna; 28 Sascha, Tina).

- Zahlt die Mutter nach dem Wechsel des Kindes in den Haushalt des Vaters keinen Unterhalt, wird dies durch das Kind als Ablehnung seiner Person empfunden (S. 27 Leanna).

Gefühle gegenüber den Großeltern

- Der Kontakterhalt mit den Großeltern wird als wichtig und hilfreich beschrieben (S. 13; 22; 47 Tina; 58; 59 Sascha; 59 Leanna).

Bedeutung von Freunden

- Freunde werden in jeder Phase des Konflikts als hilfreich erlebt (S. 46 Melanie; 47 Tina, Sascha, Leanna).

Die Einschätzung der eigenen Persönlichkeitsentwicklung

- Die Beschreibung der Erlebnisse während der Elternentfremdung ist für ein Kind, das seinen Vater noch nie gesehen hat, emotional viel belastender als für die Kinder, die ihren Vater wiedergefunden haben (S. 13; 30 Melanie; Tina).

- Das kindliche Leiden am Konflikt der Eltern wirkt bis ins Erwachsenenalter fort und beeinflusst die berufliche und persönliche Entwicklung (S. 12; 13; 21 Leanna; 29; 30 Melanie; 36; 55 Tina; 55 Sascha).

- Die Annäherung an den Vater ist ein langsamer und behutsamer Prozess. Die Anrede „Vater“ oder „Papa“ kann zunächst nicht ausgesprochen werden. Es wird auf den Vornamen oder auf Ersatzbegriffe wie „Väterchen“ ausgewichen (S. 17; 23; 65 Sascha; 66 Tina).

- Es besteht ein Bewusstein dafür, welche eigenen Eigenschaften vom Vater herrühren. Das Entdecken der Ähnlichkeiten mit dem Vater wird als identitätsstiftend erlebt (S. 11; 13 Melanie; 28; 29 Tina).

- Es besteht teilweise ein Bewusstein dafür, welche Eigenschaften auf die Abwesenheit des Vaters zurückzuführen sind, so mangelndes Selbstbewusstsein, schlechte Allgemeinbildung, emotionale, unstillbarer Wunsch nach Anerkennung, eingeschränkte Bindungs- und Beziehungsfähigkeit (S. 34 Leanna, Melanie; 35 Sascha; 36; 37 Tina).

- Der Erhalt oder das Wiedererlangen des eigenen Namens wird als identitätsbewahrend beschrieben (S. 56 Sascha; 57 Melanie).

Über das Jugendamt, die Gerichte und die Verfahrenspfleger

- Das Vorgehen des Jugendamtes wird von einem Kind, das seinen Vater nie gesehen hat, als sehr unsensibel beschrieben (S. 30 Melanie; 42; 43 Leanna, Sascha).

- Vertrauensarbeit des Jugendamtes wird als wichtig eingeschätzt, wurde aber nicht erlebt (S. 26 Sascha).

- Das auch unangekündigte Hinzuziehen des Vaters bei Gericht oder im Jugendamtstermin wird als eine Möglichkeit gesehen, den Kontakt herzustellen (S. 43 Sascha).

- Der Verfahrenspfleger wurde im Falle aktiver Ausgrenzung des Vaters durch die Mutter und durch das Kind selbst als nicht hilfreich erlebt (S. 44 Sascha).

- Therapeutische Hilfe für die Mutter wird als erforderlich angesehen, aber verbunden mit der Gefahr gesehen, dass sie abgelehnt wird oder dass der Ärger über eine Therapieanordnung am Kind ausgelassen wird (S. 44; 45 Leanna, Tina, Sascha).

- Eine Wegnahme des Kindes aus dem Einflussbereich der Mutter wird zwar als ein möglicher Schritt gesehen. Aber es werden auch die Risiken, die damit - einschließlich eines Wechsels zum anderen Elternteil - verbunden sind, erkannt (44 Sascha; 45 Tina).